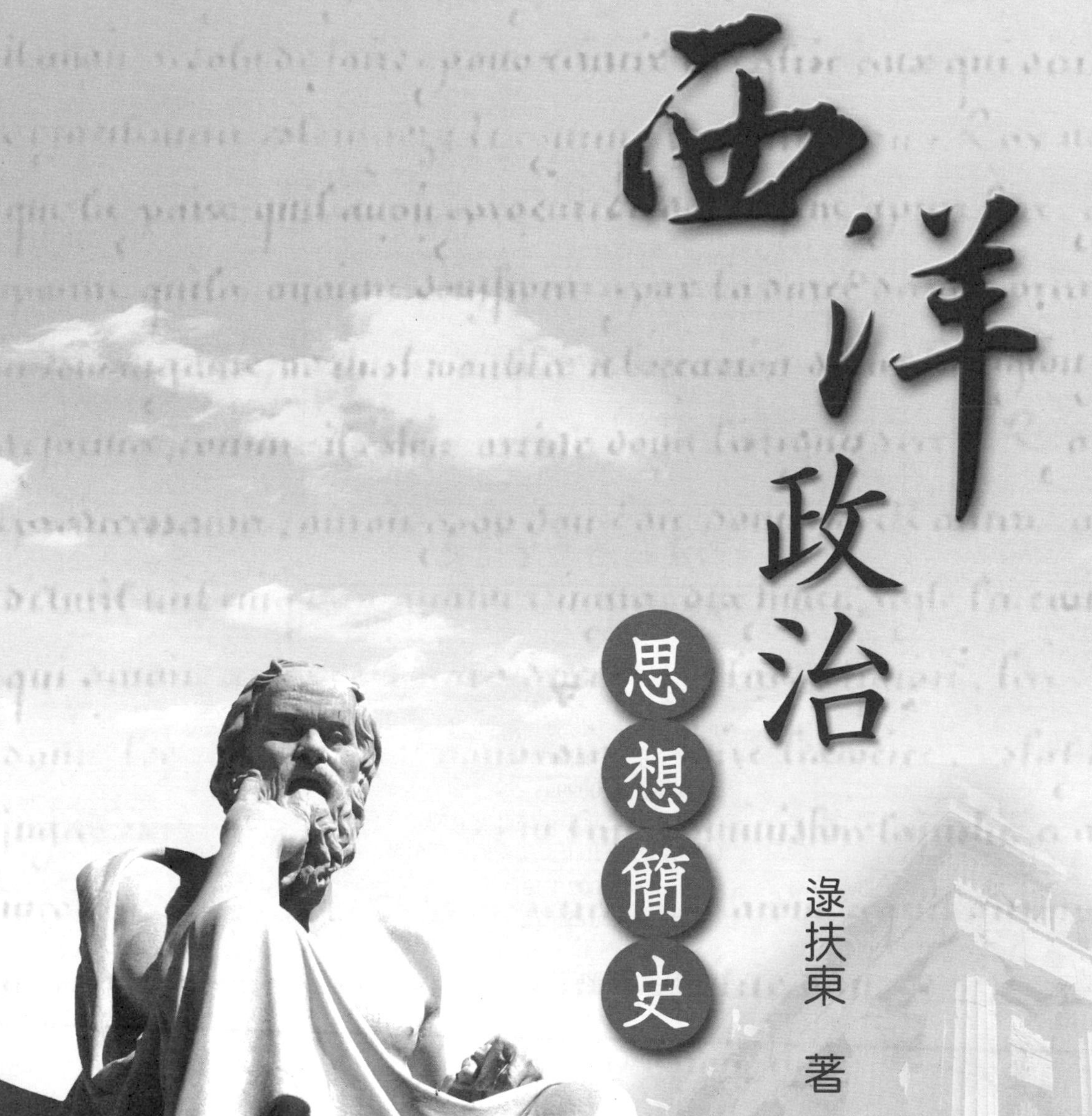

西洋政治思想簡史

逯扶東 著

三民書局

Politics

國家圖書館出版品預行編目資料

西洋政治思想簡史／逯扶東著.－－初版三刷.－－臺北市：三民，2015
面；　公分

ISBN 978-957-14-3673-9 (平裝)

1.政治-哲學，原理-西洋-歷史

570.94　　91017046

著 作 人	逯扶東
發 行 人	劉振強
著作財產權人	三民書局股份有限公司
發 行 所	三民書局股份有限公司
	地址　臺北市復興北路386號
	電話　(02)25006600
	郵撥帳號　0009998-5
門 市 部	(復北店) 臺北市復興北路386號
	(重南店) 臺北市重慶南路一段61號
出版日期	初版一刷　2002年10月
	初版三刷　2015年7月
編　　號	S 571220

行政院新聞局登記證局版臺業字第〇二〇〇號

ISBN 978-957-14-3673-9 (平裝)

http://www.sanmin.com.tw　三民網路書店

弁言

民國七十一年至七十四年間，國立政治大學附設空中行政專科學校，其所開課程中，有「西洋政治哲學」一科，筆者為所聘請，在中華電視臺，擔任此科電視教學之主講。受教者遍佈臺澎金馬，每期不下數千人。全部課程共二十五講，每講次約五千餘言，計時三十分鐘，曾編有教材，但頗為簡略。茲乃酌增內容，調整篇幅，名為「西洋政治思想簡史」，雖仍以精要為主，然枝幹俱全，通體融貫，所有各時代重要政治思想家之論著，均一一予以評述，言簡意賅，仍可獲得全貌，而其發展之脈絡，亦清晰可見，故應有其可讀性，所謂野人獻曝，頗有所助益於讀者。

逯扶東

九十一年八月

西洋政治思想簡史

目次

第十二章　盧　梭

第十三章　康德與斐希特

第十四章　黑格爾

第十五章　個人主義的興起

第十六章　邊沁與其功利主義

第十九章　馬克思

第廿章　各主要社會主義

第廿一章　法西斯主義

第廿二章　極權與民主

第一章　西洋政治思想的發源地——希臘

亞里斯多德 (Aristotle, 384 BC–322 BC) 這位被尊稱為「政治學」鼻祖的希臘先哲，曾說：「人天生是政治的動物。」所謂政治的動物，即是人天性是要聚群而居，既要群居，則必應當融洽和諧，但究應如何始能達到此一境界，而避免困擾紛爭，乃自然的啟發政治思想之產生，以謀妥善之策。但政治問題則常隨時代環境的變遷而層出不窮，乃致政治思想亦常隨時代環境的變遷而川流不息的有如江海之波濤洶湧，只見後浪推著前浪，一波未平一波又起旋起旋伏，原是後浪，瞬息間更有後浪湧來，被推向前去，有時也會捲起一個巨浪，一個高潮，但轉眼間又平復四散，追逐前去，因此後浪裏有前浪的水漬，前浪中也有衝擊超越的後浪之浪花。所謂巨浪高潮更是由無數空間與時間的因子匯合在一起，才形成了一股突出高漲的峰柱，它絕不是單獨無因出現的。

西洋政治思想的發展，也正是如此，每一種政治思想都是其來有自，皆有其淵源，要對西洋政治思想，有一整體的認識，便須要自追溯其根源起，而後循序漸進。故本書擬將西洋政治思想源流，作一有系統之敘述，以獲得一清晰完整的體認，乃以發展時序之過程及重要政治思想家為主線，貫串融接。再者每一政治思想家之所以發為議論，又無不受其時代環境之影響，以故每介紹一位有代表性之政治思想家時，亦對其時代背景作一簡略之寫述，俾使前後呼應，時序分明，而淵源所自，因果影響，亦可得見，方不致有支離零散之弊。惟西洋政治思想，源遠流長，錯綜複雜，本書僅擇其要者，作精要的評述。

第一節　希臘城邦國家的特色

西洋政治思想的發源地是希臘，事實上希臘不僅是西洋政治思想的發源地，而且可以說是西洋一切文化的搖籃。就政治而言，如自由、平等、民主、憲政、正義、法治等觀念及理想，在希臘都已開始探討，而且有很精彩的理論。但是距今二千多年前古代的希臘，卻只是一個地理名辭，並不是一個統一的國家。在當時的希臘半島，由於山巒縱橫，交通阻隔，被割裂成許多小國家，亞里斯多德當時為研究各國憲法，其《憲法彙編》(Constitution) 中就包括有一百五十八個國家。這種小國寡民的國家，都是以城為國，以一個城市為中心，被稱為城邦國家 (City State)，這是希臘政治的最大特色。這種國家，大都依山面水而建，在山坡之上，築造一座堅固厚實的衛城 (Acropolis)，這一座城不僅是為國家政治中心，並且是一切生活中心。人們站在衛城之上，可以看到全國景物，一般的國家面積不過是一百平方哩左右，人口約為十多萬人。其中最大的國家如斯巴達 (Sparta) 與雅典 (Athens)，斯巴達面積最大，有三千多平方哩，人口最多的時候約為四十萬，雅典面積是一千多平方哩，人口最多到達三十多萬。一般衛城之中，都建有各種公共建築，如市場、浴室、體育場、健身房、及神廟、劇場，這些建築都很巍峨壯麗，私人居處卻很簡陋狹小。市民們朝夕相見，彼此熟識，大家一同參加政治性的集會，宗教的節典，運動會的競賽，觀賞戲劇的演出而喝彩，欣賞公共建築的壯麗而讚美。這樣使個人與國家團體之間密切融合，大家共同生活在這城國之中，休戚相關，榮辱與共，公與私溶為一體，個人與國家打成一片，因為國家小，一旦城破國亡，便隨即而家破人亡。這種國家已不再單純的為一個政治結合的團體，而是一個倫理的、宗教的、文化的團體。因為人民生活在這種城市國家中，不只是得到安全的保障，而且是可以得到一切生活的滿足，及生命的豐富意義。國家不是抽象虛無，不可捉摸的，而是一個實體，是一個真切的存在，甚而是一個有生命的整體，每個人都為這個整體的一部份，為整體所吸引，所以團體意識及國家觀念特別強烈，當然因此排外心理亦強，便也很難產生一個統一的希臘國家。

再者，大概到了紀元前五世紀時，希臘一般國家除斯巴達外，在政治制度上，大都採行民主政治，而且是直接民主，公民經常集會，討論國家事務，每個公民都享有發言的自由，地位的平等。這種自由可以使人真正體驗到國家興亡，人人有責，而沒有人微言輕的自卑感，使人知道國家是屬於人人共有的，樂於為國家貢獻與犧牲，而引以為榮。而平等更使大家產生一種親切的歸屬感，國家屬於大家共有，大家相互間可以和睦相處而無有隔膜，人民與官吏間可以信任而沒有敵對。事實上，以雅典而言，在當時的制度之下，無論立法、行政與司法，人民都直接參與。每一個雅典公民，在一生中都有很多機會直接參與執行立法行政及司法的工作。因此官吏在人民之中，已看不出其有特殊身份。而每一個參與政治的公民，並不如同今日一般民主國家，認為這是一種權利。古代的希臘人沒有要求個人權利的觀念，他們認為公民資格，不是個人的享有，而是共有，猶如同是一個家庭成員的資格，因此使他們對於公民參政的觀念，便不是一種權利的獲取，而是一種責任，是一種地位身份的確定。在這種情形之下，人無彼此之分，而儼然一家，因此可以很自然的發揮出團體精神，愛同胞、愛國家的感情，真切自然的流露出來，這種個人與國家溶為一體的特色，是以後任何時期任何國家所少有的。

希臘人雖然如此的重視國家團體，但並未因此而抹煞了對個人地位及人格尊嚴的重視。從上面所講到每個公民可以自由平等的參予國家事務，就可以看出。另外從他們的宗教生活中也可以看出來，希臘的宗教沒有教會，沒有教條，雖有教士，但是並沒有神聖的權威，只是祭祀儀式中的事務人員。宗教信仰完全是屬於個人良心上的事，希臘的宗教是多神的，神靈們也並不具有超人的權威，而被人格化，祂們是人的朋友，而不是人的主宰與統治者，祂們如人一樣有情有欲，有愛有恨，有善行，也有惡作劇。這種宗教對個人沒有束縛，消除了人對自然與神祇的恐懼感，希臘人並不寄望他們的宗教與神，為他們贖罪或是賜給幸福，也並不對來世抱有希望，而是重視現實的生命，自我的滿足，對現實抱有一種樂觀的態度，這充份的表現出一種人本主義。希臘人的宗教生活，只是他們國家團體生活的一部份，他們在召開公民大會，或是遠征軍出發時，都是在公眾祈禱下舉行，使政治與宗教結合為一，但這並不是權威的結合，是生活的結合，這和以後中古時期基督教與國家分立為二元的情形，是極不相同的。

第二節　希臘政治思想發達的原因

就以上所述，固可得知希臘城市國家的特色，再進而探測其所以是為西方政治思想的發源地，則是由於其政治思想特別發達，而考其原因，可於下列四點見之：

(一)地理之優勢

希臘處巴爾幹半島南端，其東藉愛琴海之克里特島 (Crete Island) 為媒介，吸收埃及文化，得以孕育成熟自成型格的希臘文化。良好的港灣，使其有向外發展的雄心，經濟上的充裕，得以有機會培養優越的思想家。加以氣候寒暖適中，對自然無驚懼駭異之念，視自然亦賦有理性與系統，所以影響人們亦可以藉理性以解釋自然，宗教失去束縛力，思想上先獲得自由與解放，自然現象既可解釋，人事現象亦然，以是之故，思想易於發達。

(二) 政體之遞變

希臘各城邦政體之演化，在荷馬 (Homer) 時代為君主政體 (Monarchy)，至紀元前七〇〇年左右，變為貴族政體 (Aristocracy) 或寡頭政體 (Oligarchy)，紀元前六〇〇年左右又變為暴君政體 (Tyranny)，至紀元前五〇〇年之後，則多變為民主政體 (Democracy)。其中除斯巴達 (Sparta) 採貴族政體，歷數百年而少變化外，其餘諸邦，大都是經過以上所述歷程的遞變。考之歷史，凡是在亂世不寧，政治動盪不安之時，政治思想必特別受刺激而發達，希臘經此政體之遞更，政治局勢有激烈波動，故影響理論之探討，思潮之發生。

(三) 制度之歧異

上述一點，係從縱的方面而言，制度之歧異，乃就橫的方面而說。希臘由於地理上的因素，各城邦為山岳隔離，致小國林立，亞里斯多德為研究憲法，搜集各國資料，竟多達一百五十八國。各氏族最初均係游牧而來，建國於斯，各有祖先，各有其不同的神祇及風俗習慣，甚而服著、裝飾及飲食、語言均有不同，各有其特殊情形，故各國之政治制度及法律、教育亦互異，而各城邦間強弱盛衰互有興替，於是一般理論家，得加以褒貶軒輊，比較探究，何者為最優良之政體，最理想之國家，乃備受檢討。

(四)個人之尊重

希臘固有奴隸制度，彼等之地位甚為卑下，但就一般公民言，政治生活幾佔去他們的大部份時間，他們積極的參與各種政治活動，對外之宣戰媾和，對內之改訂法律、選舉官吏、司法審判，以及公使之迎送，都可以參加，有自由發表意見的機會，亦有其政治識見，茶餘飯後，聚晤閒談，亦無不以政治問題為主要話題，所以亞里斯多德當時就說：「人天生是政治的動物。」宗教及政治的力量對人均少約束，政治思想不為一二人所獨佔，而為全體人民所共有，是以政治思想容易發達，引起廣泛的注意。

第三節　希臘城邦國家的民主制度及檢討

在希臘城邦國家的環境之下，希臘人所產生的共同政治信念及理想，是保持國家的光榮，及一種整體統一的和諧，這都將要反映在當時的政治思想裏。至於希臘的民主政治制度，可以雅典為典型，作一簡略的介紹。其主要機構，有擁有全國最高機關的公民大會，凡雅典男性市民，年滿二十歲後都可參加。大會經常舉行，每年的例會及臨時大會，可多達四十次。公民大會無論在通過法律，任免重要官吏，及稽核財務，處理重大司法案件上，都是最後的決定者。但實際的執行機關，另外有一個五百人議會，議員分由十區產生，任期一年，不得連任，每個公民一生中都有被選任的機會。五百位議員輪流負責工作，每區五十人，及其他九區各推派一人共五十九人為一組，可輪值一年的十分之一的時間，每一天推選一人為主席。此一機構除對行政執行工作外，也可以提出法案，但必須由公民大會的表決。司法則完全由公民直接行使，每年由公民大會中抽籤決定一個數達五六千人的陪審團體，年滿三十歲以上的公民，都有入選的資格，各種法庭，都是由此大陪審團中抽出二百零一人，或多至五百零一人參予審訊，被告是否有罪，便由陪審員們投票決定。另外有執政官九人，經過嚴格資格審查抽籤決定，任期一年，其實他們權力很小，不過是日常行政事務的處理而已。而負責軍事的十位將軍，卻是雅典最有實權的人物，他們也分由十區選出，但可以連選連任，最享盛名的政治家伯里克里斯 (Pericles, 495 BC–429 BC)，便曾連任此職達三十年 (460 BC–430 BC) 之久。他們不僅統率海陸軍，對外交財政及重要行政方面，亦有很大的決定權力。

上面說到雅典的十位將軍，是握有實權的人物，而且又可以連選連任，如伯里克里斯便連任三十年之久，在他任期之內，也正是雅典的黃金時代。但由於他們的任免都掌握在公民大會手中，便不致會演變為獨裁或寡頭政治。但最主要的是這些將軍們的政治道德及民主風度。伯里克里斯便是一位民主政治的開拓者與保衛者，他在致敬雅典與斯巴達之戰陣亡將士時所發表的喪葬演說 (The Funeral Oration)，可以說是代表希臘最早最好的政治思想，樹立民主政治的楷模與理想。他處處以雅典為榮，作愛國的呼籲，尤其是將雅典與斯巴達相比較，更表示雅典自由民主制度的種種優點。他自豪的認為「雅典是全希臘的學校」。雅典的憲法可以為各國典範。他認為雅典所以是民主政治，因為權力操在多數人手中，為多數人謀福利。但民主政治的成功，必有賴人民的德性，尤其有賴公民合作互信的美德，及辨別是非真偽的智識。治理國家並非專靠政治家的才能，需要經由大家的討論，一般人民對國家並非茫無所知，貧窮者也可以服公職，優秀人才，不是由門第分等級，而是以服務成績鑑別。每個人都可享有自由行動，但自由卻不是妨害他人，造成無紀律的混亂。

但是要知道希臘的民主，和我們今天的民主到底是不同的，最主要的是希臘的公民資格，只有少數人享有。希臘一般國家的人民，被分成三個階級——公民、僑民、與奴隸。以雅典言，卅餘萬人民中，只有四萬餘人是公民，僑民約有三萬人，奴隸多達十一萬五千人，婦女也沒有參政權。所以希臘的政治也並非毫無缺點的，這種階級的劃分，不能將公民權普及於一般人，這是由於不當的民族優越感所造成的排外心理之表現。以雅典言，必須父與母都是雅典人，所生的兒子才是有公民的資格。僑民便永遠是僑民，這樣無論對內對外，都不能有兼容並包的寬大精神，所以希臘一直不能統一，更缺乏世界主義的胸襟，相反的容易由於民族主義變質而為帝國主義。凡是公民都可以參予政治，這種個人的獨立自主，也造成了一種自私與嫉妒，於是黨派的分裂與惡性競爭，便不可免。而不分才智愚劣的多數民主之下，也並不能是永遠公正寬大及明智的，一個有卓越才能的人，便常常不能見容於敵視的群眾，蘇格拉底 (Socrates, 470 BC–399 BC) 即是在這種情形下被判處死刑。

第二章 柏拉圖的前驅及其理想國

第一節 柏拉圖的前驅

柏拉圖 (Plato, 428 BC–347 BC) 是希臘享名最高的第一位政治思想家，不過事實上在柏拉圖之前，也有一些人曾發表過有關政治的理論，只不過是沒有完整的專門著作，不成體系。在上一章裡，曾談到在希臘城邦國家的環境下，當時希臘人的共同政治信念及理想，便是保持國家的光榮，以及國家整體統一的和諧，這在柏拉圖的思想中，更成為理論中心及最後的理想目標。但是這種代表希臘的傳統思想，當柏拉圖在世之時，已漸被破壞，本來希臘各城國，各自閉關自守，自得其樂的生活於其小國寡民的環境之中，但是到了紀元前四九七年，希臘對抗波斯的戰爭勝利之後，尤其是雅典，一躍而為各城邦盟主，各國間交往頻繁，人們視野擴大，胸襟開闊，才發現世界的廣大及人群關係的複雜，於是人們的興趣由對自然物理的探討研究，轉而討論社會人群及國家政治的問題。而思想便也不再像以往那麼單純一致了。再者以雅典言，在此一戰爭勝利的蜜月中，表面看來，固然帶來了興盛與繁榮，但實際上卻是盛極而衰的開始，人民生活趨於享樂奢侈，戰爭也歪曲了人性，變得殘暴不仁，好勇鬥狠，道德失去標準，精神漸形崩潰。政治上黨派競起，惡性角逐，互不相讓，何嘗能看到和諧與統一！後來雅典終於在紀元前四〇四年一度為斯巴達所敗，廢除了得來不易的民主制度，代之以「寡頭政體」，雖然雅典後來得波斯之助擊敗斯巴達，而恢復原有體制，但思想已走上虛無，呈現混亂狀態，傳統已遭到懷疑，不再被信任與尊重。

在這個時期哲人派（Sophists）的思想，是最足以反映時代，這一派的代表人物普洛塔哥拉斯（Protagoras）所說：「人是萬物的尺度。」這一句話，可以表露出這一派的精神。他們認為一切事理的是與否，都是以每個人自己的觀點為標準，個人感官的覺察是知識的唯一來源，各人感受不同，因此世上便沒有所謂絕對的真理，是非善惡都是相對的，法律制度也是如此，他們有人認為法律不過是弱者束縛強者的圈套，有人又認為乃是強者壓迫弱者的工具，總之法律不能代表正義，說穿了只是一種陰謀。他們的思想所表現的是一種相對主義，懷疑主義及個人主義，他們的思想使哲學的研究擴大了範圍，強調個人的重要。倡導自由及人人平等，反對奴隸制度及種族的排斥，固然也有其貢獻，但是在當時，使傳統受到破壞，使思想失去中心，搖撼了宗教、道德及政治的信仰，在眾說紛紜之下，社會人心受到震盪而不安，國家基礎徐徐動搖。於是蘇格拉底出現，他要高標真理，重整道德，收拾人心，使人獲得幸福的生活，而不致茫然無措，迷失自己。他也承認人是萬物的尺度，但不是每個個人，而是人類，如果人人各有各的尺度標準，彼此不同，便沒有是非黑白，人的行為失去規範，那麼社會秩序將如何維持？他倡說「知識即道德」的理論，要人追求真知，能有真知便有良行，作道德的實踐，使人知道人本來就是道德的，這就是人的本質與禽獸所不同者，在政治上，他也主張以智識為領導，而反對當時的「民主政治」。他的思想終不能見容於當時人心浮動的社會大眾，結果被不公平的判處死刑。

第二節　柏拉圖理想國家的設計及評論

蘇格拉底是柏拉圖最敬佩愛戴的老師，但竟死在暴亂的群眾之手，因此使他終生厭惡這種愚民暴民式的民主政治。而蘇格拉底「知識即道德」的箴言，尤其對他印象深刻，信守不渝，於是他要去研究如何發掘及培養有智識有道德的賢能，以及要他們如何去統治國家，這便是他一生中最熱衷的課題。他有關政治的著作，計有三種，早年的《共和國》(*The Republic*)，晚年的《法律篇》(*The Law*)，以及介乎其間的《政治家》(*The Statesman*)。《共和國》的內容，就是一個理想國的建造，可以說是柏拉圖的大同篇，《法律篇》則是不得已而求其次的小康篇。《共和國》也可以說是他的代表作，因此將這本書的內容作一簡略的介紹，便可以看到他最高的政治理想。

哲人派否認人間有正義，柏拉圖便是繼蘇格拉底之後，一定要將正義尋找出來，他的《共和國》就是為此而寫。同時因為他將政治與倫理視為一體，無論國家與個人的理想，都是實現正義公道，止於至善，其間道理是一而二，二而一的，因此從國家下手，能將理想境界追求得到，便也同樣的可施之於個人身上。

柏拉圖認為人的行事作為，有理性的成份，也有非理性的成份。所謂理性者，是透過了理智判斷之後的行為。而非理性之中，又有高尚與卑鄙的兩種，高尚者是感情，卑鄙者則是感官的嗜好與慾望。凡是人，天生都具有理智、感情及慾望的三種秉賦，但由於秉賦的偏頗不同，或慾望偏重，或感情豐富，或理智冷靜。於是他便將人分為慾望型、感情型與理智型三種。重慾一型，愛好物質的享受，慾望的滿足，貪婪無譽，此類人在社會上最多。重感情者，感情豐富而容易衝動，重榮譽尚氣節，輕財任俠，見義勇為。重理智者，是三型中為數最少的一種人，他們嚮往真理，熱愛學問，耽於思想，頭腦聰明而冷靜，具有哲學家的資質。於是他根據這種人性的分析，依照各型人秉賦的差異，能力專長的不同，分為三個階級，以分工合作的原則，分別賦予不同的工作，各自在其崗位上，發揮其所長。慾望型者是為「銅鐵階級」，為國家生產者，也就是一般人民，從事農工商各種生產工作，一方面維持國家經濟，一方面也能謀取到個人利益與享受。感情型是為「銀階級」，是一批捍衛國家的戰士，及輔佐的幹部，他們驍勇善戰，安內攘外，便正是他們的職責。理智型者則是「金階級」，也就是治國者，最高統治者。國家的目的在實現正義，止於至善，但正義何在？如何止於至善？這只有理智型的哲學家，才有體認真知的智能，其他一般的人，只能憑感覺去辨認，所看到的只是外在的表面，那只是一種常識，一種意見，而不可能有真知識，當然更不可能辨識正義的真意，所以他說：「除非哲學家為國王，或世界上的國王與王子，都具備哲學的精神與力量，使智慧及政治領導權同屬一人，以及一般只知排除異己的普通平民立於政治圈外，則我相信我們全人類，及所有城邦都不能澄清其弊病。」

至於這三種人如何鑑別？階級如何劃分？柏拉圖設計了一套完整的教育制度。他非常重視教育，對於每一個階段的教育，都有很週密詳盡的計劃。他由於重視教育乃輕法律，他認為如果教育成功，則法律便再無需要，如教育不成功，法律是消極的，只能治標，縱使法律多如牛毛，又何能奏效？他將教育的學程，分為三個階段：

1. 初級教育：是施於七歲至二十歲青少年的一種教育，將受教的青少年們集中鄉間，集體訓練。但教育應採取啟發原則，因勢利導，順應他們的個性，指引向正確光明的途徑，而不是強制的灌輸知識。為配合孩子們歡喜喧叫跳躍的天性，此一階段的教育項目，主要的便是音樂和體育。音樂的內容很廣，凡是以聲音、文字、圖形、動作以表達和諧之美的，都是在音樂範圍之內。音樂可以培養愛好和諧及節制的習性，並且可以淨化感情，培養高尚情操。體育有個人體育也有團體體育，有身體的鍛鍊，生活起居的規律，以及團體合作的體認，訓練學生活潑、忍耐、勇敢及有群性。體育與音樂並重，可以剛柔並濟，使受教育者無論身與心都有健全的基礎，有美好的氣質。當年滿二十歲時，便要參加一次嚴格的考驗，作一甄別，然後再進一步接受更高一級的教育。

2. 高級教育：對經由考驗及格的二十歲青年，再給予十年的教育至三十歲，這一階段注重造就衛國的「銀階級」，對他們的最大要求，就是忠貞與勇敢，一方面在智育方面也注重科學教育，對於算術、幾何、天文、物理等科逐步研究，是為培植哲學家，做初步基礎教育的預備工作。

3. 專門教育：年滿三十歲，高級教育結束，再經過一次甄別選拔，自其中發掘出少數天資特優的理智型的人來，再給予五年的專門訓練，致力於哲學研究及辯證法訓練，對於自然的真相，處世做人的道理，都要有很深刻的了解與造詣。五年內仍然在逐漸淘汰，到期滿學成只剩下極少數的精英，但是此後還要有十五年實際工作的試驗與磨練，從基層工作做起，到了五十歲，經驗豐富，人情練達，才有資格擔當最高統治者治理國家的重任。

這一個長程教育的設計，的確是煞費苦心的，他認為用這種沙裏淘金，千挑萬選經過長期教育培育之後所選拔的人才，無疑的應當是優於民主制度的選舉或抽籤，雖然這是一種貴族政治，但不同於那種由世襲而產生的貴族政治。同時柏拉圖是主張男女平等的，女子如有才智，一樣可以在教育選舉中出類拔萃，而成為「金階級」。

各類人選雖經甄別決定，但是他仍然擔心，他發現自私還是一個最大的內在的敵人，為根絕此一憂患，他採用釜底抽薪的辦法，主張金銀兩個階級的人，實行共產及公妻制度，沒有私人財產，也沒有家庭。他看到希臘各國所以常有變亂，無非是握有政權的人，利用職權的方便去攫奪財富，於是爭權奪利，擾攘不安。而一般社會上所以有紛爭，也無非是有貧富之差，有彼此之分。共產則使人斷絕財富觀念，沒有個人財物，生活由國家供給，不貪戀物質享受，提高人生境界，以服務大眾，振興國家，所得到的喜悅與榮譽為最大的報酬。公妻便再無有私人家室之累，便也再沒有彼此的紛爭，整個金銀階級的社會變成一個和睦的大家庭，年齡相近者都是兄弟姐妹，年長者都是父母，年幼者都是子女，這樣父慈子孝的美德，更能流露與發揚。男女婚配完全由國家安排，男子自廿五歲至五十五歲，女子自二十歲至四十歲是為可以婚合的時期，所生子女，由國家撫育，那麼這個社會是一個大家庭，有如人之一身，有一個共同的目的，風雨同舟，甘苦與共，再沒有私人的恩怨與憂患。

前面曾經說，柏拉圖的《共和國》，是在尋找國家正義何在，現在已經獲得了，那就是「人人各有己任，各有己物，便是正義」。這個國家由理智型的政治家所治理，發揮其智慧之德，由感情型的將士及幹部所保衛，表現其勇氣之德，慾望型的生產者，是一般從事農工商的「銅鐵階級」，在明智的領導之下，努力生產，但也促成他們節制之德，這樣便構成了正義的全德。大家分工合作，每一階級都各有其適合其天賦及能力的職務，也各有其應得的報償，彼此無所衝突，而和好協調，表現出一種整體的大和諧，這就是理想境界的實現。至於個人生活的美善，也如同國家一樣，以適當的理智，駕御感情及慾望，能夠協調和諧便是正義全德的實現，便是幸福美滿的人生，否則理、情、慾錯亂，身心失調，罪惡便隨之而至。

有人曾經批評柏拉圖，認為後來為害於人的專制政治與共產極權都是淵源於他，這也未免有失公允。就共產而言，柏拉圖的共產是貴族的、政治的、倫理的、教育的，和以後共產主義之全民的、經濟的、唯物的不同。但亞里斯多德對他這位老師共產的主張，不論就政治、經濟、道德的立場上看，認為都一無是處，對於公妻更認為有背人性，不能同意。柏拉圖的確是一位理想主義者，是為以後所有理想主義者的先驅及典型，但是他後來自己也知道，他的理想太高，不易達成，不過柏拉圖在西方，是第一位將政治哲學作有系統的敘述，得以啟迪後進，其功實不可沒，而其影響的深遠，也是不可量度的。

第三節　柏拉圖晚年的《法律篇》

《法律篇》係柏拉圖晚年的作品，風格與《共和國》迥異，但卻是他思想最成熟的時期，富遷就現實及調和之精神，內容豐富，理論亦深刻，對於政治、法律、教育、宗教等，均有其不朽的貢獻。與《共和國》之主要不同，是由重人治轉重法治，由貴族政體轉而採取混合政體，廢除三種階級的劃分，改為自由公民與非自由公民之區別，共產公妻的意見亦作了修正。《共和國》的理想，幾有高不可攀之勢，不得不作一種次優國家的設計，而當時的希臘城邦國家漸形衰落，有不能久持之勢，於是他由理想而趨向現實，撰《法律篇》之作，想要振衰起敝，使希臘文化仍能光耀於世。《法律篇》的內容實為一個國家憲法的範本。

《共和國》中重教育輕法律，《法律篇》中則頗強調法律之重要，《政治家篇》為此一轉變之橋樑。但是如因此而認為柏拉圖的思想前後矛盾，卻又不可，他的思想仍是一貫的，前後之間仍能相互呼應。教育的目的是要人自動的修養，自動的糾正行為，戰勝內在的敵人，是理智標準的提高。法律則著重於外在的強制，強迫人在行為表現上，履行法律規定，如無越軌行動，法律亦無能制裁，必內有惡念，外有惡行，致觸犯法網，始予以懲處。可見法律僅能約束人的外表，尚無解決內在缺憾之功，同時成文法律不管如何細密，也不能替代不成文的習慣法，及傳襲已久的生活規則，故教育才是最值得重視的，但是教育如不能在使人正心誠意的工作上奏效，則不如約之以法。不過柏拉圖之法制仍注重與道德原則相配合，俾使淳厚風俗得以保持與普及，立法家必以謀求整體的善為原則，務使其至公至當，法律是手段，目的還是在教育，要寓教育於法律之內。因此他認為法律條文明白清楚，易於使大家了解遵行並非重要，最重要的是加寫在法律條文前面的「引言」(Preamble)，用以說明此項法律之動機及旨趣，以盡教導之功，此較之條文內容尤為必需，這個引言，就負有教育之使命。法律固然是要用強制力使人屈服，但是也非是要人民麻木的、機械的服從，而是先要使人明白所以如此者，是為了社會之安寧及秩序，為己亦為人。他的意念中是仍以教育為主，法律為輔，他希望能無須監禁，不要法警而達到目的，此一態度實不同於其他法律家。至近代已有許多法律家受到他的影響，邊沁(Bentham)在其《道德與立法之原理》中即採納此一主張。

第三章　亞里斯多德的政治思想及希臘的沒落

「政治學」這一門學問，能成為一門獨立的科學，可以說是由亞里斯多德創始的，所以很久以來，在西方亞里斯多德便被推崇為政治學的鼻祖，事實上第一本《政治學》(*Politics*)的著者也就是他。固然在他之前，也有人研究政治問題，但是片斷零散，沒有成為一種有系統的學問，他的老師柏拉圖雖然有專門著作，有完整體系，但是他將政治與倫理混為一體，並沒有將政治學分開獨立。亞里斯多德則在學問的分類中，將政治學分開為一門獨立學科，同時他除了有一本專門研究國家及政府的政治學之外，也還有一本《倫理學》(*Ethics*)，就此而言，他可以說是已青出於藍而勝於藍。

雖然就政治學而言，亞里斯多德的觀點有超過柏拉圖之處，但是他們到底是師生，亞里斯多德仍然有許多看法乃是師承於柏拉圖，同時他們都是生於希臘城邦國家的環境中，他們對國家的看法，也都未能超越這個小天地，同樣的是要追求國家整體的和諧與美好，這在亞里斯多德思想之中，尤其可以看到他對這種國家，有一種執著的偏愛。現在就亞里斯多德《政治學》中討論國家與政府的理論，介紹如下：

第一節 國家的起源與目的

關於國家起源的問題，有許多不同的看法，如神權說、武力說、經濟說、演化說等，尤其是契約說，更認為國家是靠了人類的意志而創造，人類既可以創造國家，也可改變或消除國家。亞里斯多德的看法則與這些完全不同。他認為國家或其他的社會組合，都是由於人類天性自然形成，他說：「人天生是政治的動物。」就是說人類天性上有一種群性，一種社會性，有願意與他人結合為友的衝動。人既有合群而居的本性，便不願孤獨，因此人群結合由最初的家庭開始，經由部落逐漸擴大而成為國家，是極自然的發展。一旦國家完成之後，人們會發現經濟生活有了改善，安全更有保障，但這都是有了國家之後的「果」，而不是產生國家的「因」。

亞里斯多德更認為國家是人類社會進化發展中最完美的階段，是最重要的，也是最高級的，所以國家乃是社會組織的止境。當然他也並非認為所有一切國家都是美好的，有些國家內部惡劣，政治腐敗，阻礙發展，反而會為害於人，不過是只要有了國家，則追求美好生活的客觀條件業已具備，人們可以運用才智，在國家範圍之內，謀求美滿的共同生活之實現。同時他認為人類有與人為友的群性，是表示人類有善性，但是另一方面，人性之中，也有許多近乎獸類的惡性。如果離群孤立，便會變成一種較一般禽獸更惡劣的動物，野蠻下流，充滿食慾與色慾，貪婪無恥。人的美德必須靠社會團體的管制力而表現，所以人因群性而結合組織，又靠了天賦的語言能力，及人類所特有的善惡感、公平感，這是他種動物所沒有的，這樣便激發了知識的進步，由於知識的能力，而賦事物以秩序，由秩序而生文明，一個人在一個秩序井然的文明國家之中，才有無窮機會以求發展，這是獨立生活所做不到的，所以國家產生之後，人便應該順其天性，生活在國家之內，他說是只有神仙和禽獸可以不要國家，人是必須要國家的，人沒有國家，便處於孤立的單獨作戰狀態之中，有如無根的浮萍，國家與個人，就像人身全體與手足部份，手足離開了人身全體，便是廢物，完全是失去了為手足的作用和意義，人離開了國家，便也失去了個人生命的價值與意義。

至於何以國家對個人是這麼重要呢？這就要談到有關國家的目的上。亞里斯多德認為任何社會的結合，都是追求好，到達善的境界，使其社會團體之內的所有的人，生活幸福。但國家是包括一切社會的最高團體，「好」既然是一切社會組合所追求的目標，那麼國家所追求者乃是一種最高的好，也就是止於至善的那種好。國家要使人享受到最快樂，最完善，最高尚的生活，那是在豐衣足食，安居樂業的經濟利益及生活安定之外，還有一種道德意義，國家之所以是一切社會中最高級最重要者在於此。如果一個團體只為謀求經濟生活的滿足，安全的保障，是不足以稱為國家的，否則蜜蜂螞蟻的結合，便也算是國家了。所以國家必須是人民的一個道德結合團體，不只是消極的防止互相侵害，為非作歹，並且是要使人民培養完善的道德，及健全的身心，使大家根本無害人之心，使整個國家成為一個道德團體，這是其他任何社會團體所做不到的，也表示出國家與其他社會團體性質之所不同。

第二節　最好的國家與最好的政體

國家中必有政府，乃是當然的事，於是亞里斯多德繼柏拉圖之後，也將政體加以分類，比較研究，他以執政者是否顧及到國家目的，是不是為全體人民謀幸福為依據，而分為純正的政體與腐化的政體兩類。純正的一類有君主政體、貴族政體及立憲的民主政體三種。腐化的則有暴君政體、寡頭政體、及暴民式或貧民式的民主政體三種。這六種政體中，君主政體與貴族政體是最為理想的，但實際上卻不容易實現。暴君政體則是惡劣的。寡頭政體也可以稱之為財閥政體，國家是由少數富人統治，是少數人的專制。貧民式的民主政體，則是多數的貧民統治，是多數人專制。這兩種政體是不公平的，有背乎公道的精神，但是在當時希臘都是經常可以發現的。至於立憲的民主政體，是表示一切措施都有法律規定，兼顧到自由與平等的民主精神，但也不忽視財富的重要性，人人有選舉權，但當選的標準，要有財產的限制，對貧富兩種人都能顧及到。

柏拉圖是一位理想主義者，亞里斯多德則是一位唯實主義者，在政體的討論中，他所注意的是實際可行的政體，而不沈溺在美麗而高不可攀的理想中。但是他到底是有理想的，而且他也還是將倫理的原則運用到政治上去，在個人的道德修養上，他主張一種中庸之道，做人做事，過與不及都不好，而應該採取兩極端的中和，在政治上他也是採取這個原則，因此他認為窮人和富人在性格上，都不是健全的人，都是易走極端的人。富人的缺點是傲慢狂妄，慣於發號施令，而不知謙遜服從；窮人的缺點是卑賤無賴，自暴自棄，過於順從而不能獨立命令。一個健全的人，是既能發號施令，也知謙讓服從，合乎中庸的道德。於是他認為中產份子是最具有完美的性格，而且也是一國中最佳的執政人選，他們自食其力，自供自足，既沒有自甘墮落的奴性，也沒有盛氣凌人的驕縱，及攫奪權勢侵犯他人的野心，他們和窮富兩種人都可維持友好，不致有嫉恨仇視，如果一個政體能以中產階級為重心，便最能維持平衡與安全。他說：「凡一國公民如為中產階級所構成者，實在是為最好的政治社會，而其國家也因此易於治理。」他的理想是最好能產生一種混合政體，兼顧到自由、道德、財富及身世的各種政體的特徵，使政治的方針由人民決定，政治的執行則由專家負責。所有公民有自由的選舉權及監督政府的權力，但當選權保留給有道德，出身清白，及薄有資產的中產份子。他認為一個國家中，中產份子愈多，便愈能長治久安，這種政體既重量也重質，兼容並包的採納各種政體的優點，合乎公道的原則，也能配合國家的目的。

亞里斯多德認為一個理想的國家，除了由中產階級為中堅之外，還要注意教育。教育的目標一方面注重品性的陶冶，更要注重公民教育，培養公民的道德及能力。他對於法律更是非常注重，和柏拉圖之重教育而輕法律是不同的，他認為人人必須養成守法的習慣，從良好的習慣中，建立道德的生活。他更認為法律並非不得已而求其次的工具，事實上法治乃是一個良好政府的標誌，是不可或缺的一種特性。法律有一種超然性，不會受任何欲望的影響，有最冷靜的理智，最無私的公正，是任何人治，即使是聖人之治也不能企及的。另外他更主張政府組織應劃分為三個機關，就是決策機關、執行機關及司法機關，以避免權力集中，變成獨裁專制的政治，這是西洋政治思想發展中最早的政府三權分立的主張。

第三節　主權、憲法及革命

亞里斯多德與柏拉圖同樣的均以一國最高權屬於何者，作為政體分類的原則，亞里斯多德在其著作中，於討論國家問題時，亦常用到「全權」(Plenary Power) 或「最後權」(Ultimate Power) 的語辭。此所謂全權、最後權以及最高權，其意味即為後之主權 (Sovereignty)。但是他關於這個問題，並未能說得十分明暢，以致主權論的發明者，落在以後布丹 (Bodin) 身上。亞里斯多德有時認為政府的某個機關，具有完全的最後的權力，他說：「憲法乃決定國家中官職之佈置，凡係政府，均握有國家最高權力，故憲法之性質，即視政府本身而定」，有時卻又說人民的政權，即人民的選舉與監督權，就是一國之最後最高權。所以說他的觀點頗不清晰，不過他對人民政權的分析，有其獨到及精確的見解，並且隱含有人民主權的意思，以及對民主政治的解釋。在當時雅典的民主政治，可稱之為直接民權，所有公民不僅可以當選官吏，並且可參加公民大會，及享有陪審權利。但是在亞里斯多德看來，如何使每個人享有政權，並不見得必須人人實際的參予政治，即使在雅典公民人數並不太多，如果讓人人實際上均負有責任，仍不可能，實際的政治工作，仍為少數官吏負責，因此他認為只要對政府官吏之產生利用選舉權，予以控制，在產生之後復能監督，就已經握有政權，就是民主政治。「何謂民主？」此一問題，一直為政治思想中引起糾紛的事情，許多人認為必須全民參政，直接民權，才是真正的民主政治，亞里斯多德在二千多年前，便已經明白間接民權的意義，的確是令人讚佩的。

據前文所述，亞里斯多德對於主權，是未能作確定的論斷，但是有一點，他已明白的道出，就是一國全權或最後權的位於何處，及其運用方式如何，完全決定於憲法。一個國家必須要先有一基本的憲法，然後根據憲法再制訂各種詳細的法律條文及命令，並且規定政體的形式，政府的基本組織，以及人民與政府間的種種關係，藉憲法以表示出一個國家的特殊性質，此一意見對現代民主政治，可以說已給予明確指示。同時亞里斯多德更認為憲法不僅是一種公民組合的構圖，而且是一國人民生活方式的定本，政體之形式及政府之組織，即一國人民所欲採取生活方式的顯示。於是如果一國政體變更，即表示憲法已經變更，也就是人民所欲求的生活方式，作了根本的變更，國家性質亦隨之改變，國家乃藉政府形式的存在而存在，因此憲法改變，乃是表示一個新國家之產生，並非一個國家的繼續，當然所謂全權最後權，亦隨國家消逝或再生。總之，亞里斯多德認為政府性質即為國家性質，國家、政府、憲法、法律是一致的，皆應與人民合群而居的目的，有不可分的關係，一旦原有的國家、政府及憲法、法律變更，產生了新的國家、政府及憲法、法律，那麼此一新國家的政府對往日舊政府所訂契約，便沒有履行的義務，一切債務及國際間的盟約，均屬無效，這是不同於以後之觀念的。布丹認為主權有永久性，除非一個國家被他國所滅亡，主權是不受影響的。現在一般觀念，皆認為主權屬於國家，政府不能享有主權，政府變更不應影響主權之存在，尤其在民主國家，政府很容易改組變更，但對於前一政府所負債務及所簽訂的條約，仍須有償還及履行之義務。亞里斯多德所以有此看法，係受當時希臘實際環境之影響，因為當時各城邦國家時常有革命，有政治上的變動，每次變動之後，新政府對舊政府的一切概不承認。

亞里斯多德目睹希臘各國時常發生政治上的動亂，國體政體隨之更輸，也就是說革命頻仍，政治局勢不穩，影響甚大，因此他渴望安定，他認為革命永遠不是件高明的事。革命也或者可能帶來某種利益，但同時也帶來更多的罪惡與苦難，破壞了政治組織與秩序，造成社會的紊亂，革命固有革新的意義，可能創立新制度，新理想，可是它所造成的間接影響，常常是無法預料和估計的，甚而引起更大的災害，所以他極力想防止革命。

他首先研究革命所以發生的主要原因何在，他亦如同柏拉圖的意見，認為在社會中人們有兩種不同的平等觀念，一種是「比例的平等」，一種是「絕對的平等」。凡有資產、有才智、有威望的人，多主張比例平等，認為才能高超的人應獲得多，卑微低能的人應獲得少，這才是合理的平等。但要求絕對平等的人，則希望人人一律享有平等待遇，無分厚薄。這兩種不同的欲求，是互相衝激的力量，革命的原因即在於此，不是爭取比例平等，便是爭取絕對平等。本來一個國家，原有其制度，有一排列組合的規則，可以對人發生控制的力量，強制人符合此一組合原則，道德、財富、自由、身份的份量，分別釐定，有其定型的正規標準，但是一旦客觀環境有所變遷，與原有的制度規格不能調和時，便要發生變亂，少數才智、資產及身份優越的人，如果有了力量，而現實制度不適合他們的欲求時，必將起而搗毀現實。即使在主張絕對平等的人佔多數的時候，在以自由平等為特徵的民主政治下，也會發生變亂，因為這種貧民的民主政治，終必為有能力有野心者所劫持，而變為暴君政體。總之革命的主要原因，就在於不平則鳴爭平等，在於現實制度與客觀環境有了衝突。

第四節　希臘的沒落與思想的變化

以上這些亞里斯多德的政治理論，他都是以當時城邦國家為對象的，他的思想始終未超越這種小國寡民的環境，這表示他的思想是唯實而又是極為保守的。但事實上，當時這種城邦國家已臨末日，將成為歷史的陳跡，他的學生馬其頓的亞歷山大大帝 (Alexander the Great) 已經在將全希臘征服之後，更向東征，建立了一個地跨歐亞非三洲的大帝國。兩百年之後，希臘又為羅馬所併吞。亞里斯多德可以說是最後一位希臘城邦國家的讚美者、懷戀者。但隨著他的去世，希臘城邦國家的光輝也隨之而消逝，他真是一位劃時代的人物。他雖然以小小的城邦國家為研究對象，但竟然發現了許多政治上直到今天仍然可引為圭臬的原理原則，實在是一位偉大的政治思想家。他不僅寫下了第一本《政治學》，同時他更能不以個人的思想及願望為出發點，而完全以一種冷靜客觀的態度去研究政治，樹立一種科學的精神，這也可能就是他被尊稱為政治學鼻祖的原因。

希臘城邦國家的精神及理想，終於隨著亞里斯多德的死去，因現實政治情勢的轉變而消逝，在他死後直到羅馬帝國統一的三百年之間，希臘一直在革命變亂，異族蹂躪之下，國不成國，長年戰亂，人民失去自由及平安幸福的生活，因此使此一階段的政治思想，起了劇烈的變化。至於如何變化及有何影響，可分下面三點來說明：

(一)政治哲學的冷落

亞里斯多德曾經說：「人天生是政治的動物。」柏拉圖和他都在努力謀求建設理想的國家。這是一種積極的態度，希臘人本來也都熱心國家事務的探討，但此一時期國家政策決定於馬其頓的大將，希臘人失去了參與政治的機會。而國家淪亡，戰亂方殷，生活動蕩不安，智識與道德都因而衰退，因此政治哲學被冷落，而人生哲學變為重要研究課題，但也都是消極的，只是如何保全性命於亂世，謀求一己之幸福而已。犬儒派 (Cynics)、伊壁鳩魯派 (Epicureans)、斯多噶派 (Stoics) 等都是如此。

(二) 世界主義萌芽

以往希臘城邦國家，希臘人極為排外，民族意識很強，有一種自尊自大的優越感。但此時希臘淪亡，和其他被征服的民族，只好平等相處，於是漸漸有人類一家，四海皆兄弟的意識改變了過去忠於一城一國的思想，希臘文化也得到了逐漸向外推廣的機會，但異族文化同樣的也感染了希臘，於是便促使了世界主義的萌芽，斯多噶派的思想，最足以反映這種轉變。

(三) 個人主義誕生

由於城市國家解體，以往的國家觀念及公民精神都逐漸消失，而新的大帝國正忙於征戰，並沒有建立法律秩序及嚴密的組織，一般人便有了天高皇帝遠的感覺，人人只知道他是一個人，而不再感覺到他是一個國家的國民，只想著如何維持個人與個人之間的關係，如何趨樂避害謀求個人生活的安逸，個人成了價值中心，這從伊壁鳩魯派快樂主義的哲學中，便可以看到這種強烈的個人主義的色彩。

第四章　羅馬的政治思想

第一節　羅馬的政治制度

希臘自紀元前四世紀以後，逐漸衰敗，西方歷史舞臺的主角，乃由義大利半島上的一個城市——羅馬所接充。羅馬人的性格與希臘人有所不同，羅馬人講求務實致用，富於適應能力，能與現實環境相妥協，從一座小城，變成一個大帝國，政體幾經變異，但從未有理論的推動，而是因時因地制宜，配合環境需要而更易。所以羅馬的貢獻，不在瑰麗的著作，高妙的理論，而是具體的政治制度，法律系統，以及有實用價值的道路與建築。他們曾建立了一個有秩序、有組織、保持和平的國家達數百年之久，許多到近代才成熟的政治觀念，在羅馬時代業已完成，而羅馬法的影響，尤其深遠。就羅馬政治制度言，曾經有過三度的演變，在最初為君主政體，是從紀元前七五三年到五〇〇年之間。從紀元前五〇〇年到二十七年五百年間，是民主共和時期，這是羅馬政治制度最美好的一個階段，但在此五百年間，是逐漸完成而又逐漸被破壞的。這個時期國家最高行政首長是執政官 (Consul)，由貴族中推選，任期只有一年，不得連任，並且共為二人，以防權力集中。另外有一個三百人組成的元老院 (Senate)，執政官有關內政或外交方面的重大事務，須得到元老院的同意，但關於宣戰媾和、締結條約、及制訂新的法律，還要得到平民會議(Comitia Tributa)的批准，有時對於司法裁判及執政官的選舉，平民會議也有最後的決定權。這是一種混合的政體、執政官、元老院、平民會議鼎足三分，並且可以互相牽制平衡，防止專制腐化。但是由於羅馬不斷向外擴張，政治權力由於實際環境的變遷，漸形集中，最後終於變成了一個專制帝國，這從奧古斯都(Augustus, 63 BC–14 AD)自紀元前二十七年稱帝開始，直到紀元後四七六年西羅馬的滅亡為止。

第二節　羅馬的政治思想家

(一)波里比斯(Polybius, 204 BC–122 BC)

羅馬共和時期政治制度的美好，最初羅馬人自己並不知道，而是由波里比斯，這個在羅馬做人質的希臘人所發現的，他寫有一部《羅馬史》(*History of Rome*)，其中就曾有分析羅馬制度的完美，他認為一國制度的好壞，可以決定國家的命運，他另外有一種政體循環論以證明他的看法。他也如同亞里斯多德一樣，認為國家是在人類自然發展下產生，最初的政體是建立在道德及正義之上的君主政體，君主受到人民愛戴，可是後來的君主濫用威權，縱慾嗜殺，事實上已變成暴君政體，使人民痛恨。於是急公好義的政治領袖，起而革命，驅逐暴君，政體便也隨之變為貴族政體。最初執政的貴族們，還能以道義相標榜，互相協調，但是他們的繼承者，便不知人民疾苦，養尊處優，恣情享樂，相互之間，也勾心鬥角，掌權者專權蠻橫，到了此時已變成了惡劣的寡頭政體，終於激起了人民的革命，推翻這種豪門權貴的政體，而產生了注重自由平等的民主政體。在民主政體下，最初人民還有守法習慣和道德觀念，但年代稍久，自由平等的真義漸漸喪失，群眾們熱衷於絕對的自由平等，乃變成無紀律的暴民政體，等於回到了初民的無政府狀態，弱肉強食，沒有公理，於是有領袖才幹的人出來，主持公道，扶弱鋤強，得到大家的擁戴，便又輪迴到了君主政體的開始。然後又不可避免的再惡化為暴君政體，而貴族政體，寡頭政體，而民主政體，暴民政體，如此輪番的循環重演。至於何以會這樣惡性循環不已呢？因為他認為君主、貴族及民主各種政體，都各有其優點及缺點，而其優點也正是其缺點，也就是說每種政體都有其內在的自我的矛盾，自己不能克服，便避免不了惡化。君主政體的優點是威權大、效力高、不受牽制，但缺點也在於此，一人擅權武斷，便是剛愎自用的獨夫，成了革命對象的暴君。貴族政體固然是以道義相標榜，但行政鬆弛，團結不能持久，一旦惡化，便是寡頭政體。民主政體重視自由平等，其優點與缺點，都植根在此，缺點暴露，便是暴民政體的上演。

這種政體的惡性循環，是每個國家不可逃脫的厄運，不過波里比斯認為羅馬可以不在其例，因為羅馬的混合政體，聚集了君主、貴族及民主各種政體之長，而無其缺點。羅馬的執政官制度，富有君主政體的色彩及優點，尤其在戰爭時期有獨裁官的設置，更為顯然。元老院則是貴族政體的說明，平民會議以及各種選舉制度，每人都有權任執政官，或其他官職，人人有權參予議會發言，便是民主政體的精神。而最重要的是三者相互之間，能發揮牽制平衡的作用，三方面在職務上有密切關係，而在權責上又彼此限制。三者互牽互倚，其中一部份如有野心，有越權情事，必受到其他兩部的限制與阻撓，因此可以維持一個平衡的局勢，使羅馬不致腐化，這是最良好的政治制度，是使羅馬能夠長治久安，而又能日趨強大的原因。

波里比斯對羅馬制度的讚美，的確並非是阿諛之辭，而是站在客觀立場，公平而理智，同時他所發現的制衡原則，較之亞里斯多德的混合政體論，更有具體可行的途徑。但是他忽略了制度之外，還有影響政治的許多其他因素，而制衡的作用，在敵對的政治集團，利益衝突到了尖銳化的時候，便也不能維持，所以羅馬終於爆發內戰，由民主共和，變為寡頭獨裁，再變為專制的帝國。

(二)西塞羅 (Cicero, 106 BC–43 BC)

西塞羅曾為羅馬的執政官，是凱撒 (Caesar, 100 BC–44 BC) 的政敵之一。他曾受教於希臘的學者，思想中受到斯多噶學派的影響，他將斯多噶學派自然法的觀念，廣為傳播，使之與羅馬的法律相結合，是羅馬思想的一個代表人物。他說：「皈依自然而生活，則一切盡美完善。」他堅信有自然法的存在，所以他認為世界上只有一種真的法律，那就是正確的理性，這種法律是順從自然的，可施用之於全人類，並且永久不變，如果立法者不顧念到這個法律的原理原則，便是不道德的。事實上，誰也不能阻止這種法律的作用，想要廢止這種法律，更是絕不可能的。無論在任何時間，這種永久不變的法律，都能約束任何民族，不服從這種法律的人，就是放棄了他較好的自我，也就是否認了他真正的天性。自然的法律既然是無所不在，到處皆同，那麼人為的實在法，只應該是這種法的表現與應用。君主、貴族或人民都可訂立法律條文，但不能與自然法的基本精神相違背，否則便不成為法，可見法之為法，不在立法的手續及形式，而在其理論根據，在於法理之當否。他這種理論，對羅馬法所發生的影響至大。西塞羅著有《論共和國》(*On Republic*)、《論法律》(*On Law*)、《論官吏》(*On Official*) 等書。

(三)辛尼嘉 (Seneca, 3 BC–65 AD)

辛尼嘉曾為暴君尼羅 (Nero) 的老師和大臣，最後卻又被此暴君處死。他也是一位斯多噶主義者，但他的思想較西塞羅憂鬱而悲觀，他比較更注重人類平等，富人道主義的精神，因此他對奴隸制度極為不滿。他著有《慈善論》(*De Clementia*)、《天佑論》(*De Providentia*) 等書。他認為人類同生一源，大家共同的祖先是自然，所以使人為奴，是最可痛恨的事。一個人的美德善行，不在於所處地位，而在其居心，一切人都可以有道德，一個奴隸也可以表現出公正、勇敢及寬大，而且是更值得尊敬。他更認為國家的產生，乃是由於人性惡的結果，自然狀態是為人類的黃金時代，人類在原始社會中，雖然比較愚笨，但是無私無邪，天真而幸福，所有物產，共同享用，雖然有統治的首領，但沒有政府，沒有法律，大家遵守自然法生活，人們也不知道何為罪惡，便自然有道德，但是這種幸福的黃金時代，終於被私有財產所破壞，人們因貪婪而互相爭鬥，於是制定法律，設立政府，也便有了暴君，人們便也失去天真，而墮落在罪惡之中。他同時也受到斯多噶派世界主義的影響，認為一個智者應當去從事一種較國家範圍更為廣大的社會的服務，作有價值的工作，這是一種道德義務，應超過為一國公民的責任。他的這些見解，尤其是國家源於人性惡的看法，極類似以後基督教的觀點，對於盧梭及共產主義者，也可能有所啟示。

第三節　羅馬的法律

羅馬的法律是逐漸演進而完成的，是為珍貴的文化遺產，其中亦有政治思想，其內容及精神，都受到了自然法的法理觀念所支配。最早的法律，乃產生於習慣，是一些宗教的戒律禁忌，傳統性的風俗，及公共正義觀念的混合品，並沒有成文的法條，只是一種不成文的習慣法，所以在最初，人做出了違法的犯罪行為，與其說是違背國家的罪過，不如說是違背了社會及侵犯了上帝。最早的成文法，是公佈於紀元前四五〇年的十二銅表法(The Twelve Tables)。雖然內容簡單，也不過是將過去的習慣法，摘要的歸納在一定的形式之中，但經此之後，羅馬的法律便已進入了一個新紀元。十二銅表法乃是代表了國家的意志與權威，於是排除了宗教的因素，成文法有了開始，法律變為人世的產物，從此之後，人犯了法，便是違背了國家意志，使人對國家的面貌及任務，都有了新的認識。但十二銅表法內容簡單，不足應付日愈複雜的社會，於是法官的判例，法學家的理論，都隨時給羅馬法增加新的內容，在保守中有所進步。之後羅馬疆土日廣，交通發達，商務日形繁榮，異邦外方的人僑居羅馬者日益增多，羅馬已漸成為一個大帝國，於是羅馬人與外邦人士之間，或外邦人民相互之間，爭訟的事也日漸增多，在外民裁判所中，法官們也常常採取他國的法律處理案件，而逐漸的原本只可用於一城的羅馬市民法，在內容及精神上，都有了重大的變化，由狹小、剛性及局部的，而變為寬廣、柔性及普遍的，成為各國都可普遍採用的萬民法。這對於羅馬能統治一個地跨歐亞非三洲的大帝國，有極大的幫助。這種萬民法，包含了自然平等的原理，羅馬人與其附庸國的人民同樣遵守，如此則擴大了人類友愛的情誼，法律之前人人平等，這也是使以後的國際法，得以發展的先聲。

羅馬法最發達的時期，是在紀元二三世紀時，法學人才輩出，理論也極精彩。至三世紀之後，羅馬漸趨腐化，軍閥干政，暴君昏庸，法學便再無發展的環境。至於就政治思想的觀點看，羅馬法對後世所產生的影響有下述兩點：

(一)人民權利的確定

有人稱羅馬法實即是羅馬權利書，所以如此者，乃是根據自然法的觀念演變而來。在自然法的觀念下，人人平等，人人各有其自然權利，那麼人為的實在法也應當予人平等，所以法律之前，人人平等，人人也便各有其應得的一份權利，此並非國家法律所賦予，乃人民所固有，所以國家不可剝奪人民的權利。這種觀念對於以後英法等國的革命，給予重要的理論根據。

(二)人民主權的承認

羅馬保留習慣法的時間很久，法律是由習慣所造成，就是由人民大眾生活所培養而成的，那麼所謂法律，乃為公共的承認，法律所以為法律，所以具有拘束力，即在於此。羅馬早期的法律，都是要經過平民會議的通過，這也就是表示要經過公共的承認，表示國家最高的權在人民，也就是主權在民的承認。

第五章　中古時期的政治思想

第一節　屬於信仰的時代

西方的中世紀，是一段冗長而沈鬱的時期，自西羅馬的滅亡到宗教革命的發生，前後綿延一千多年，年代雖然長久，但就政治思想而言，與古代及近世相較，便顯得黯然無光，很少有精彩的理論，及特殊的貢獻。這是一個在本質上不屬於政治的時代，而是屬於宗教信仰的時代，此時期的教育文化為基督教會所獨佔，學術思想的中心是宗教而非政治，偏重教會而忽略國家，一般發表議論的學者，又都以聖經為根據，思想在固定的格式約束之中，沈悶、重複、少有光彩，這種宗教的思想壟斷，再加上封建的割據與紛亂，以及最初各種蠻族的侵擾，破壞文明，綜合了許多因素，造成了一個停滯不前的中世紀，有的歷史學家稱之為「黑暗時期」(The Dark Age)，尤其是在紀元六百年到一千年之間，在這一階段的人民，除了安命守份之外，再沒有其他奢望，也沒有其他思想。在政治思想上，所能發現到的，也不過是教皇與帝王之間的爭執而已。

基督教在最初傳佈時，曾經受到執政當局的壓迫與摧殘，因為他們不承認羅馬皇帝至高無上的威權，而崇拜自己的萬王之王，不過他們雖受迫害，卻也未曾想到積極的革命反抗，只是消極的抗議，默默的任其宰割，然而即使如此，這種宗教意識，仍然為朝廷所厭惡嫉恨，教徒們仍不能避免種種酷刑及殺戮。但是當基督教變成了唯一合法的宗教之後，其對於所謂異教徒及違背基督教義者的殘酷手段，也令人心驚膽寒，造成了思想上絕對的統一，絕對的專制，控制了人們自生至死的整個生活，限制了人們思想上的任何創新與發明。不過自另一角度看，此一時期，戰亂中也有其秩序與安寧，野蠻中也有其禮儀與文明，黑暗中也有其光明與理性。反過來說，如果沒有基督教教會及教義規範人們的生活，沒有一班有德操，有學識的教士堅持信仰，與對文化的貢獻，以及封建諸侯們維持其區域之內的局部安全，而一任中世紀在蠻族的蹂躪，及武力的壓制與爭鬥之下，那麼便更要使此一長時期的歷史黯然無光。再者，就政治思想的發展言，是源遠流長的，中世紀畢竟也有其承先啟後的功績，沒有中世紀點點滴滴的政治理論，便不會有澎湃的近代思想，沒有中古的星星火種，便也不會有以後的熊熊火炬。

下面便介紹兩位無論在宗教或政治上，都是最足以反映和代表這個時代的思想家，那就是奧古斯汀和阿奎納。

第二節　奧古斯汀

奧古斯汀 (St. Augustine, 354–430) 是早期教會中，最重要的思想家，他的著作《上帝之國》(*The City of God*)，是基督教中最早有完整思想體系的巨著，是為基督教的寶典，影響非常深遠。紀元四一〇年，日耳曼人的一支，西哥德人 (Visigoths) 攻陷羅馬，洗劫三日。事後羅馬舊教人士，追究戰禍之所由起，竟歸罪於基督教，說是由於羅馬人放棄了對原有古代神明的崇拜，而改信基督教。奧古斯汀當時是基督教菲洲希普 (Hippo) 的主教，便著此書以答辯，但書中內容很廣，並非只答辯此一事，而是可以作為基督教理論最具權威的代表著作。

中世紀思想中最重要的二元說，固然自耶穌說出：「凱撒的物歸凱撒，上帝的物歸上帝。」便已開始，但成為一種體系，作為一種思想的基礎，是由奧古斯汀的著作促成。不過他的看法，顯然是受到柏拉圖及斯多噶派的影響。他認為每一個人，是由肉體與精神靈魂兩方面構成，因此每個人便也生活在兩種境域中，一個是凡俗的世界，一個是上帝的國度，支配人肉體活動的是撒旦惡魔，只以慾望為原動力，所以爭端時起，戰爭無可避免，勝利與失敗，征服與屈服，便循環不已，最後都必將同歸於盡。羅馬與哥德人的戰爭，就是撒旦惡魔之爭，羅馬人曾經勝利過，現在卻失敗了，西哥德人現在勝利，將來也必會失敗，這是凡俗世界的事，因在這個世界中，沒有人能永遠勝利，最後都必將面臨世界末日而毀滅。但另外，人在精神方面，則可以屬於上帝之國，人們只有在此一國度中，才能獲救，而上達天堂，在此一精神的國度中，無慾無爭，只有愛、關切及幸福，那是上帝光輝的照耀。

奧古斯汀還有人是有「原罪」(Original Sin) 的看法，這也是代表基督教的一種基本觀點，他在另一本自傳性的書——《懺悔錄》(*Confessions*)，以他自己童年時的惡行為例，以證實此說，甚而認為人即使在嬰兒幼稚時期，也充滿罪惡，貪吃、妒忌及許多壞行為。人性既是本惡，具有罪惡本性的肉體，其與精神靈魂之間，便經常在衝突之中，這種衝突，也就是善與惡的戰鬥，在個人如此，在人類整個歷史，也是如此，但最後的勝利必屬於善，也就是屬於上帝之國，那裡才有永久的和平。上帝之國與罪惡塵世的爭鬥，將不斷的繼續到最後的審判日，凡順從基督，與上帝同行的人，必可進入天國，受到祝福與榮光。而不順從，不知悔過者，必永墮在地獄。

人因為具有原罪，所以在凡俗的世界中，有一般國家的存在，國家乃是因為人性惡而產生，所以國家中的政府，也只能管理人性中低級的活動，如慾望衝動及財產關係等，而這種國家經常興衰更迭，最後終必消滅，因為凡俗的事物，是變易不定的，常受戰爭及貪慾的支配。至於上帝之國乃是為善人而存在，人們在此可得到精神的拯救與安息，它是由上帝所統御，永久而祥和的。不過奧古斯汀所說的凡俗世界，並非就指現存的國家社會，上帝之國也並非是指教會，通常的政府，也並不是就由撒旦所統治。在現實生活中，二者實在是混而為一，它們的分別，只在無形之中，只在人們一己的行為與感念之中，他說：「兩種國家之所起，是在於人的兩種愛好，凡俗的國家是起於愛自己憎惡上帝，上帝之國，則起於愛上帝憎惡自己。」而真正的分辨，要到最後審判時，才能明確。那麼在現世中，人們肉體方面的行為，仍然要受制於政府，政府有時甚而要用強制的武力，這是為拯救人的罪惡所必須的。因此可見國家與政府也是由上帝的旨意所設立，也含有神聖色彩。至於教會，雖然不就是上帝之國，但它是一種有組織的制度；是一切有信仰者的聯合，上帝可透過教會，施恩惠慈愛予人們，因此他認為教會的產生，是歷史發展中一個重要的階程，為歷史開一新紀元。自此之後，人欲進入上帝之國，獲得拯救，必先納入教會，接受教會的洗禮與教誨。奧古斯汀認為西塞祿等羅馬及希臘的學者，認為公道正義是為國家的要素，表示不能同意。在奧古斯汀看來，所謂公道正義，乃是由信奉上帝所得到的諧和平衡，在基督教未興起之前，教會尚未組織時，是不會有公道正義的國家，只有等教會產生之後，才可以達到公道，所以教會組織是人類社會發展中最高及最後的目的，一切信奉基督者，應當在教會的領導下聯合起來，那將是人類精神生活上最高發展的表現，也是歷史發展的最高目標，因此教會利益是高於一切的。奧古斯汀在這種理論裡，也表達了他的歷史哲學，但是完全站在基督教的信仰之上，充滿空想，可是所謂「基督國協」的觀念，便在這一理論下產生，對於後世，影響很大。

教會的目的及利益既然高於一切，因此他認為一個理想的國家，其政府應當儘可能的與教會作最充份的合作，國家與社會，各有法律，互不從屬，但在執行時應彼此互助。每個人民，同時是國家及教會的一份子，一個基督徒也應服從政府的法令，只要那些法令沒有違背聖經及教會的訓示，因為人類最高的法律，還是神的律命。奧古斯汀的這些意見，在以後劇烈的教政相爭的時候，教會方面都加以採取，作為教高於政的根據，但是政府方面，也可以用他的理論為藉口，認為負有神聖的使命。所謂「君權神授」也就是在這種理論下建立的。

第三節　湯瑪斯・阿奎納

雖然有人稱歐洲的中世紀是為黑暗時期，但十三世紀則是黑暗中的光明，因為此時已開始了對理性的重視，而湯瑪斯・阿奎納 (St. Thomas Aquinas, 1225–1274) 這一位經院學派的代表，便是這一時期教會中最偉大的思想家。奧古斯汀的思想受到柏拉圖影響，阿奎納則極受到亞里斯多德的影響。由於戰亂，亞里斯多德早已被人遺忘，到十二世紀時，他的著作又重被重視，由阿拉伯人帶回到西方來，而因此得以播下理性的種子，阿奎納對亞里斯多德，就是有極深切透徹的了解，使他學到了治學方法，使他的著作充滿理智，條理清晰，系統完整。他對亞氏的理論，大致是同意的，不過他是要將亞氏的學說配合到基督教義中去，為的是要達到經院學派知信合一的宗旨。他想要將理性與信仰融合統一，他這種企圖，也就是要把哲學與神學合而為一，以哲學的觀點及理論根據，去解釋聖經裡神的訓示，所以其目的，仍然是以神學為主，哲學為輔。總之經文是不可推翻的，以哲學為工具以求證，也為神學加披了一件哲學的外衣，當然這種將舊酒裝入新瓶的作法，畢竟是少有創見的，而矛盾衝突也常不免，但這在當時已經是很開明進步，總是可喜的現象，使沈悶的中古得到刺激，理性有了進展，不經過此一階程，便不會很快的產生文藝復興運動。阿奎納有關政治的重要著作有《君王之治道》(*Rule of Princes*)、《亞里斯多德政治學評注》(*Commentaries on the Politics of Aristotle*)。

由以上所述可知，阿奎納的所有理論，無不朝向一個目標，就是建立神的信仰及教會崇高的地位，樹立神學權威，但是在論證過程中，也有理性的推斷，甚至有實證精神。談到國家的成立，反映出他十分受到亞里斯多德的影響，他也認為國家是自然產生的。人們為自衛生存而互助群居，漸漸形成一個社會團體，有團體便必須有規律以維持秩序，同時也必須有統治者來執行，而且要賦予他統治的威權。他這種觀點，完全一反教會的一貫看法，認為國家源於罪惡。至於國家的目的何在，他也接受了亞氏的意見，乃是使大家達到更美好良善的生活，統治者應有一種道德目的，給予人民有德性的幸福生活，不過他較亞氏更進一步，認為道德生活固然是國家目的，但這並不就是人的最後目的，人的最後目標是要進入上帝的天國，此一任務超出了世俗統治者的能力所及，所以在政治統治者之外，還有教士，國家之後還有教會，他也像其他教會人士一樣，不僅將政教分為二元，而且也還保持著教高於政的成見。

國家既然是自然產生，統治者的威權，也是出於自然，也就是來自神意，所以所有基督教國家或非基督教國家的人民，都應當服從他們的統治者，不服從便是罪惡，否則秩序混亂，國不成國。但統治者的地位，實係一種職份，他既具有道德責任，那麼他本人必須是道德的，理性的，立足於公道之上，否則便是暴君，人民便沒有服從義務，而可以予以廢黜。他不贊成暴君可誅的激烈看法，但為了防止暴君產生，他提供了兩條途徑：㈠在決定統治者之前，應先了解其性格，是否有為仁君的道德條件。㈡對於統治者的權力，應有所限制，不致變得專權殘暴。為了能達到這兩點，他希望能實現一種立憲的君主政體，並且還採取了亞里斯多德混合政體的精神，一方面主張統治者必須以其道德為其獲得職位的依據，一方面主張人民應當有參政權。因為上帝授權人群社會全體以管理全體的事務，社會全體又另行委託人選統治，則此人選的產生，固應由全體人民參予選舉以決定，如此則對暴君的產生，自能防止於前。同時在這種意見中，他好像已經能把政權與治權作了區分，並且有主權在民的含意。

第六章　中古末期的政治思想

第一節　教政相爭的發展與民族王國的誕生

由於基督教的理論中，認定人類是有雙重性格，於是由此導致了西洋思想上二元說的開始，在中世紀便造成了教政相爭的長期發展。但其內容卻因時勢演變的不同，而前後互異，耶穌及其門徒彼得 (St. Peter)、保羅 (St. Paul) 在世的時代，他們的宗教正受到政治的壓制與迫害，不得不採取妥協的態度，耶穌說：「凱撒的物當歸凱撒，上帝的物當歸上帝。」彼得、保羅則更告誡基督徒們要絕對的服從統治者，因為他們是上帝派遣來執行獎善罰惡的任務。到了四世紀後，基督教被認為是合法的宗教，米蘭的主教安波路斯 (St. Ambrose 340–393) 首先要求宗教在精神事業上的獨立，是為反抗政權的先聲。他說：「皇宮屬於皇帝，教堂則屬於教士。」甚而更說：「皇帝是在教會以內的，並非在教會之上。」奧古斯汀繼之以他的歷史哲學，以說明教會的目的與利益高於一切，政府應儘可能與教會配合，於是到了五世紀便有一位教皇格拉涉斯 (Pope Gelasius) 創二劍論 (The Two Swords)，確認統治世界的有兩個系統，一個是屬於教皇的教權，以管理精神的事務；一個是屬於皇帝的政權，以管制凡俗的事務。此後的發展，是教權不僅要與政權分庭抗禮，平分秋色，甚而要淩駕政權之上。自從查理曼大帝(Charlemagne)於紀元八百年登位為皇帝，而由教皇利奧三世（Leo III）予以加冕，開一先例之後，更增加了教皇身份的崇高，於是凡是有魄力具改革熱忱的教皇在位時，無不與許多帝王之間有所爭端，教政之爭乃愈演愈烈。到十一世紀，教皇格勒高里七世（Gregory VII, 1073–1085）將皇帝亨利第四（Henry IV, 1056–1106）開除教籍，迫使亨利立雪三日，才得復籍。當時擁護教皇人士，都主張教高於政的說法，終至十二世紀薩里斯堡之約翰(John of Solisbury, 1115–1180)有暴君可誅的理論產生，而達到最高潮，此時與當初彼得、保羅的意見，相去已不可道里計。所以在十二、十三世紀之交的教皇殷諾森三世(Innocent III, 1198–1216)，其不可一世的權威，可以說到了極峰，真正實現了教高於政的目的，他兩劍在握，身兼教政兩權的領袖，所有主教及帝王無不臣服在他的足下。

教政既分劃為二，本不應有所爭執，但所謂精神事務與世俗事務之間，有時很難界分，便也難免不無糾紛。事實上，在同一個環境中，存有兩個權力，管理同一的子民，一般人民也要同時忠心於兩個對象，矛盾衝突，自不可免。但雙方所居優劣地位，完全要看當時實際情勢而定。大致來說，直到十二、十三世紀之時，教會略佔上風，但到十四世紀之後，教會便逐漸退居劣勢，甚而後來處於附屬的地位。這由於教會本身隨著權勢的增加，愈來愈腐化，漸漸失去人們虔誠的敬意，前後四次的十字軍東征，師老無功，對教會也極不利，同時也影響到造成中世紀的另一支柱——封建制度的漸趨沒落消滅，人們在長久的割裂戰亂之後，渴望統一與和平，而民族意識也漸漸產生而至成熟，於是民族王國便應歷史發展的需要而誕生，漫長的中世紀，便也漸漸走到了終站。而到了中古末期的教政相爭，便只見教會走向下坡，國王們大顯威風，甚而有二元復歸於一元的趨勢。在這一階段中教政相爭最為高潮的一幕，便是法王腓力四世（Philip

IV，1255–1314）為徵稅問題，與教皇龐尼非斯八世（Boniface Ⅷ，1294–1303）發生衝突。結果腓力四世大獲勝利，龐尼非斯八世憂憤病死。繼任教皇，完全成為法王的傀儡與工具，達七十年之久，教廷也由羅馬移轉到法國的阿威農(Avignon)，後來教皇格勒高里十一世，雖將教廷遷回羅馬，但在他死後，又發生了教會最不榮譽的分裂事件，羅馬和法國各擁有一個教皇，持續了四十年(1378–1417)，最後三度召開宗教議會，才解決了這個問題，但教會的威信，大為減低，不再能與新興的民族王國分庭抗禮了。

第二節　中古末期的思想家

(一)巴黎之約翰 (John of Paris)

在法王腓力四世與教皇龐尼非斯八世因徵稅問題，發生爭執的時候，法國的一般輿論，都在支持他們的國王，理論方面也不再是以聖經為根據的陳腔濫調，而是根據法律、歷史等新的邏輯辯論方式，攻擊教會與教皇，思想新穎，論證有力，完全跳越了中古的領域。巴黎之約翰便是最有代表性的一位，他認為君主的權力，遠來自上帝的授予，近來自人民的同意，根本與教會無關，事實上國家組織早在教會之前，世界上尚無教士便已有法王。政權與教權都有神聖性，他同時也接受亞里斯多德的看法，認為國家也有促進道德的任務，給予人民幸福的生活。教皇只負責精神的事務，不應當有任何法律性的權力，如果教皇本身不盡職，為君主者也可以警告，甚而可以革除，教皇並不是無上權威，只是教會裏的行政人員，他不應該大權獨攬，更不應該享有教會的財產，應當建立一個教會議會，決定教會的重要事務。

這一次的衝突，在於法王要向教士徵稅。約翰認為教會財產應屬於教徒全體，各國主教及教皇，不過是一時的管理人員，即使教士可允許有其私有財產，以作他們精神工作的工具，但君主仍然可享有徵稅權，因為私人固可享有財產的所有權，但在一國之內，國家為了政治的或公共的管理緣故，應享有對私人財產的管轄權。

更由於配合民族國家的興起，他反對世界帝國的思想，縱使在宗教上，有此種世界組織的需要，但在政治上，在凡俗的世界中，絕不能只有一個統一的威權，因為世界各地人民，有種族差異，如果強制的納於一個組織一個權力之下，必然會有許多障礙和糾紛，所以應當由各自供自足的社會，各自獨立自治，由不同的國王，以其實際的權威，去統治不同的國家，建立秩序，維持安定與和平。

(二)馬栖略 (Marsiglio of Padua, 1270–1342)

義大利人馬栖略，是中古末期中最重要的一位思想家，他的思想不僅打擊當時的教會，而且是民主的先聲，跨越了中古，是為近代思想的橋樑。他所著《和平的護衛者》(*Defender of Peace*) 一書，關於國家方面的理論，大都也是吸收了亞里斯多德的思想，他也認為國家是自然產生的，人群結合由家庭、村落而擴大為國家，惟稍有不同者，是馬栖略認為國家畢竟有其功利作用，人類乃基於生理上各種需要，及和平的維護而產生國家，這是一種國家工具觀，較之亞里斯多德，是降低了國家的價值，但也一反宗教的觀點，及貶抑了教會的地位。至於國家的目的，不僅是消極的維持社會安寧，並且還要積極的組合人民，以求分工合作的圓滿績效，使人民無所消耗，也無所紛爭，達到一種道德的幸福生活。因為人類既非禽獸，生活的意義，便不是僅為果腹而已。為了國家生活之必須分工合作，他將人民分為六種，就是農人、工人、兵士、商人、教士及官吏，六種職業不同的人，能各自盡其職責，便是一個和平富足和康樂的國家。

由此可知，教士也是六種國民中的一種人，也應當像其他五種人一樣，是在國家之內，而不是在國家之外，更不是在國家之上。既然在國家之內，同樣的也要服從國家的法令，接受國家的管轄，何況一個教士，也是一個凡俗的世人，也會犯罪，如果不受國家管轄，那使成了特權階級，破壞了法律的效力與統一。所以在國家之中，政府地位必在教會之上，才能維持秩序的安寧，因為只有政府具有最高的強制權力，教會對於信徒只能訓誡或判決，而不能強制執行懲罰，否則國家有兩種法律標準，必陷於混亂。教士的職務有如醫師，只能對人勸導，不能強力制裁。教士的職業，是要做道德的完人，而不是做富人，不應該擁有財產，更無權不向國家繳納賦稅。馬栖略對教皇的攻擊更是猛烈，他認為國家是屬於人民全體的，那麼教會也理應屬於教徒全體，教皇或主教都不能代表全體教徒，也不能代表教會，教會的組織應當由全體信徒決定，根據一個區域教徒人數多少，選舉代表，成立一個總議會，是為最高權力機關，凡是有關教會及信仰的一切事務，都應該取決於議會，如教皇人選的決定及其職責，教會神職的任命，聖經疑問的解答、教籍的革除，以及禮拜的儀式等。教皇只不過是一個形式上的主席、名義上的領袖，不應有任何大權，議會可以不必等待教皇的召集而自行集會。

馬栖略的思想，所以可以作為近代橋樑者，是他的理論中，包含有人民主權的觀念，及民主政治的主張，人類由於群居合作的自然需要而成立國家，有國家則必須有政府，但政府必依法律以統治，以法律達到社會公共的需要，謀求公共福利，決定公道原則，所以立法是為一國最重要的事，因此他主張由人民全體、或人民中重要優越的部份去從事立法。至於所謂重要優越的部份，他表示是就數量與品質而言，但並非指某一階級或特定的貴族，而是受人民的多數委託者。但就嚴格意義言，受委託者並非是立法權力所有者，他們還要聽命於人民，只是在每次委託中一時的立法。立法權是屬於人民全體，人民自己立法，自然能趨利避害，與公共福利相一致，否則如果立法權操於一人或少數人之手，便是專制獨裁，而法亦非法。因為法律的成立與有效，並非由於政府的頒佈，乃由於人民的服從，社會的承認，唯有法律由人民制定，人民才樂於服從，即使法律是假代表之手議決，但最後的決定權力，仍在人民，所以立法權屬於人民全體，人民是法律的創制者，是最後最高的權力。至於執行法律的行政權，則可屬於政府，但政府的執行必根據法律，此亦即是表示立法高於行政，人民高於政府，統治者必須基於被統治者的同意，這些意見都充份表示了人民主權的觀念，對於近代的思想家，極有影響。

㈢威克里夫 (Wycliffe, 1320–1384)

在中古末期人們一致希望和平、統一及安定的心理中，民族國家得以誕生，於是封建的割據分裂局面，不能持續，而含有世界精神的基督教會，也相形見絀，同時基督教會本身的腐化，也逐漸喪失了昔日的尊嚴。熱心宗教事業的人，早有改革的意願，如當時主張安貧主義的聖方濟派，以守貧堅貞的精神，矯正教會的奢侈及虛偽，馬栖略即屬此派，但卻為教皇約翰二十二世視為異端，被判除籍。英國人威克里夫也是一位托缽修士，到窮鄉僻壤去，深入群眾之中去傳教，也是一位早期的宗教改革家，但也被開除教籍。他在一三七六年在牛津大學，發表〈論統治權〉(On Civil Dominon) 一文，認為國家中統治者與被統治者，就是為人服務及受人服務者，這也就是政府與人民的關係。不過他認為國家統治者係上帝的代表，所以教會的教士也應當服從國家的君主，教會如有弊病，君主可施用強力予以糾正。但最高統治者乃為上帝，上帝的能力是無所不及的，可以完全直接的和每一個人交往，所以無須要教會和教士。在財產方面，他認為任何財物的取得，必須合乎義理正道，否則便是罪惡。事實上他認為上帝將世界一切交給一切為善的人，一個誠信向善的人，可以擁有上帝給予的一切，而不誠信的人，則空無一物。他的這種看法，刺激了貧窮的農民，竟造成一三八四年英國的農民暴動，影響極大。以後馬丁路德發動宗教革命時，便襲用了他的許多觀點。

第三節　宗教議會之召開

自從教皇駐法國阿威農之後，教皇變為法王的工具，完全失去其國際性的威信，至一三七七年教皇格勒高里十一世決心返回羅馬，但在他死後，紅衣主教團中的羅馬派與法國派，裂痕愈深，積不相讓，於是分別於羅馬及阿威農選出兩位教皇，造成教會的大分裂，為解決此一問題，必須產生一個超越雙方的權力，於是宗教議會運動 (Conciliar Movement) 應時發起，擔負此一使命，這種宗教總議會前後分三次舉行過，茲將其經過分述於後：

(一)第一次比薩議會 (Council of Pisa, 1409)

一四〇九年由巴黎大學所發起的議會，於義大利的比薩召開，但是此次議會是失敗的，雖然最初議會選出了一個教皇亞歷山大五世，但不久即死去，另外又選一繼承者為約翰二十三世，此人竟為一海盜出身，而羅馬與阿威農的教皇並不遵行總議會的命令去職，依然在位，結果反變成三個教皇，情形更為混亂。

(二)第二次君士坦丁議會 (Council of Constance, 1414–1418)

此次議會由東羅馬方面的竭力斡旋，於君士坦丁舉行，畢竟有了成效，結束分裂，完成統一。羅馬的教皇自動辭職，比薩的盜匪被逼下臺，阿威農的教皇因與法王意見不合，已被擯棄，於是議會於一四一七年選出教皇馬丁五世（Martin V, 1417–1431），分裂乃告終結。此一議會並有許多重要決定，此後議會應每隔七年召開一次，不須有待教皇之召集，教皇不得解散議會，並規定教皇所在地等許多事項。故一四二四年又召開過一次新議會，但此後新的問題又產生，擁護議會與擁護教皇的分為兩派，議會與教皇的權力孰高孰低，為爭執的焦點。這一次議會大致說來，是較為令人滿意的，但胡斯之被誘至君士坦丁而遭譴責，施以火刑燒死，威克里夫的遺骸竟亦被發掘焚毀，思想之陳腐，亦可得見。

(三)第三次巴塞爾議會 (Council of Basel, 1431–1443)

一四三一年議會又在巴塞爾召開，時馬丁五世去世，繼任教皇為尤金尼斯四世（Eugenius IV），與議會間衝突頗為劇烈，他兩度解散議會，議會曾於一四三九年另選一教皇，但此人旋即辭職，議會不獲各方同情，尤金尼斯四世反而爭取到各方面的支援，教皇的權力又得到死灰復燃的機會，議會改革運動乃告停頓，但是這種反動的勝利，亦不過是曇花一現而已。

前後三次的議會，成就並不太大，但是以議會代替教皇掌握全權的改革，是極富有革命性的，以後發生於各國的立憲運動，議會制度，以及主權在民的觀念，民主政治的思想，都受到此次運動的影響。

第四節　議會運動的理論家

在宗教議會運動期間的主要理論家有基爾遜 (John Gerson, 1363–1429)，庫薩訥 (Nicolaus Cusanus, 1401–1464)，賽爾維斯 (Aeneas Sylvius, 1405–1464) 等人。基爾遜為巴黎大學校長，學問淵博，富有辯才，是此一運動的中心人物，尤其在君士坦丁議會期間更為一領導者。他固有改革熱忱，但亦有保守色彩，所以他採取了馬栖略理論的一部份，而拒絕其積極的民主觀念，對於威克里夫的激烈思想，便大有反感。他的思想是含有功利主義成份的，他以政治觀點去看教會，所主張的是一種有限制的君主及貴族民主混合的政體，為了分裂狀態的必須統一，事實上宗教議會勢不得不舉行。教會為信仰者的一個完整組織，其最後的決定權應屬於議會，議會是高於教皇的。由於議會不是永久經常的集會，故仍需要有教皇，但教皇不過是一受委託的管理人，如教皇不盡職守，違背上帝法或自然法，君主可以召集議會，予以革除。基督教徒由於信仰上之需要，或在不可抗拒的環境壓力之下，為維護其權利及責任，是可以反對教皇的，當然同樣的理論亦可用之於國家，如為大眾福利之需要，亦可反對君主。

紅衣主教庫薩訥，是巴塞爾議會期中的重要理論家，他的思想較為積極。他認為宇宙為一整體的諧和的組織，教會或國家亦如同宇宙，是由各種機構共同組織的一團體，猶如一個有機體，其中的各部門，皆有其作用。他的討論使他發現了政治權威的來源，他指出不問在教會抑或在國家，議會都是一個中心組織，因為人生而自由平等，能力相若，所有的法律，應根據其同意，故作為立法機關的議會，應由教徒或人民所組織，教皇或君主應由選舉產生，以負管理之責，他們如一般人一樣，是屬於整體的一部份，與整體合作，而且一如一般人一樣，要受治於法律。

賽爾維斯的思想，尤富契約色彩，他認為原始的人類，生活如一般動物，自被逐出天國樂園之後，便發現了聯合的作用與價值，乃自然的創造了團體與政治，當個人的權利受到強者的壓迫侵害，人們為生活安全計，乃同意將其權利讓渡給他人，以制止迫害之事，獲有保障，君主的產生及其權力，即由此而來，但君主如變為暴君，擁他而出的人民，亦可逐他而去，此一理論，同樣的可用之於教皇。

這幾位理論家的意見，都能擺脫神學教條，以議會制度攻擊教皇的專權，他們破壞了一個舊的時代，而為新時代的到來，預先鋪設了道路。他們確立了一個原則，即治者必基於被治者的同意，這是立憲政體及代議制度的精神，是近乎民主主義的。同時在他們的思想中所表現的自然社會、自然權利、社會契約等，到十七十八世紀，都成了極為熟知的觀念，他們是繼馬栖略等人之後，喚醒人們，去叩啟近代的門扉。

第七章　文藝復興時期的馬基維里

第一節　馬基維里其人及其時代

馬基維里 (Niccolo Machiavelli, 1469–1527) 在西洋政治思想的發展史中，是最為特立突出的一位，稱讚他的人，推崇他為現代政治學之父，是一位民族主義者，是熱烈的愛國者，在他的墓碑上，如此寫道：「沒有一句頌詞，能適合如此偉大的人物。」但責罵他的人，則認為他宣揚強權霸道，提倡陰謀詭詐，所謂「政治無道德」，即因他之名而益彰，他去世已經四百數十年，但對於他似乎是仍無定論。

馬基維里是十五六世紀間、義大利的福羅稜斯 (Florence) 人，這個時候正是文藝復興運動蓬勃發揚的時期，而福羅稜斯正是文藝復興的發源地及中心。文藝復興所表現的人文主義，使人們掙脫了中古的宗教約束，及神的掌握，得以恢復人的尊嚴，思想逐漸自由獨立，才智可以發展，感情可以奔放，近代文明便也因而獲得了突飛猛進的動力，為歐洲歷史開一新紀元，馬氏的思想，也正足以反映這個時代。

再從當時的政治背景上看，歐洲在十五六世紀，正是進入民族國家的始創時期，英國法國及西班牙等新興民族王國，正是國勢日盛，如日初昇。一般國君，也都雄才大略，大有作為，但其中也多的是翻雲覆兩的能手，狡詐狠毒、喪德負義、背信忘恩，但他們能使國家統一強盛，仍獲得其國人的擁戴。而義大利卻仍陷於分裂割據狀態之中，南部有那不勒斯王國 (The Kingdom of Naples)，西北是米蘭公國 (The Duchy of Milan)，東北又有威尼斯共和國 (The Republic of Venice)，中部則為福羅棱斯共和國 (The Republic of Florence) 及羅馬教廷 (The Territory of the Roman Church)。相互之間不僅不能合作團結，尚且是明槍暗箭、勾心鬥角，極盡陰謀詭詐之能事，毫無信義與操守，統治者們以欺詐霸道取得地位，以殘酷手段鞏固其權勢，甚而勾結外國力量，殘殺自己同胞，使義大利已成為強國的俎上之肉。馬基維里在這種環境中，自慚形穢之餘，乃有強烈的民族意識，渴望義大利的統一強大。他在一四九八年至一五一二年之間，曾經歷任福羅棱斯共和國的要職，參予政治機密，有實際的政治經驗，洞悉實際政治內幕，所以他趨於現實，沒有一般思想家們偏重理想的色彩。在他的著作中，以《君王論》(*The Prince*) 最為知名，其中的表現，完全是一種霸術思想。其他尚有《李維氏羅馬史之研究》(*Discourses on the First Decade of Titus Livius*)、《戰術》(*The Art of War*) 及《福羅棱斯史》(*History of Florence*) 等。

第二節　馬基維里的霸術思想

馬基維里的政治理論，是以人性本惡的觀點為基礎的，他很愛讀歷史，他從歷史的研究，及對當時社會的觀察，認定人性為惡，而且是無法改變的。他發現自私是人類普遍的根性，此一種子既深植於人心，則所產生者都是惡果，於是貪婪無恥、殘忍侵奪，及忘恩負義、卑鄙膽怯，是為必然的表現，凡是有利自己的，便不顧一切的佔為己有，有害於己的，則避之唯恐不及。如果一任人類這種自私的劣根性發展，便成為無政府的混亂狀態，殘殺爭奪，永無寧日，因此必須有一個強有力的政府及統治者，以維持秩序的安寧。

至於一個君主統治者，面對惡性深重的子民，要採取何種對策呢？應當仁慈使人民愛戴，還是應當嚴威使人民懼怕呢？他認為只有採取後者才較為安全。用仁慈的方法總是失敗的，因為仁慈的結果並不是必然的，人民虛偽多變，反覆無常，不見得會以德報怨，而且人們的愛戴心，是生於他們自己的意志，畏懼心則生於統治者的意志。也就是說以仁慈待人民，是否能獲得擁戴，完全由人民主動決定，君主是被動的，所以聰明的統治者要採取主動，唯有用嚴厲的法律與武力的強制，去威脅人民，使人民懼怕，人民必將絕對服從，不敢有絲毫冒犯。可是君主固然要使人民怕，但卻不可使人民恨，最為人民所忌恨的是侵犯了他們的財產或妻室，他說：「人們容易忘記父親的死亡，而難忘其財產的喪失。」至於妻室與其名譽有關，如予霸佔，最易招嫉，此二者能夠避免，便不致使人民憎恨而反叛。

君王固然要借重嚴密的法律與精壯的軍隊以壓制人民，但是其權力的鞏固，還有賴公意輿論的支持，這便需要有意而誇張的宣傳。一個君主統治者在人民心目中，必須是一位德威兼具，智勇雙全，公正仁慈的元首。因此即使他實際上是以陰謀狠毒為能，但是他在人民耳目所及之前，一言一語，一舉一動務須謹慎，外貌上要偽裝仁慈、信義、公正及對宗教的虔誠，以便獲得人民的好感與信仰，有時也可採取減輕賦稅的措施，以收攬人心。尤其在各種慶典的公共場合，更要舉止端莊，表現王者風度，所以一個成功的君王，必須先要學習成功為一奸猾的騙子。一般人民是俗庸的，眼光短視、識見淺陋，他們只能看到表面，容易受騙而得到滿足，即或有少數才智之士，能夠察覺到君主的騙局，而揭穿了偽裝陰謀，但也不致動搖人民大眾的信心，這班少數才智之士，大都是分散孤立的，容易各個擊破，縱使真相有洩漏的可能，還可以轉嫁於部屬臣下代為犧牲。

馬基維里的霸術，自認為最適合用於立國之初或國家喪亂的時期。他認為一個新君得國之後，首先要仔細觀察那些人是必須殺戮的，既經決定，便要一鼓作氣在一次之中屠殺完盡，像舊日君王的家族死黨，那是必須迅速的趕盡殺絕，以免死灰復燃，遺有後患。如果不迅速處置，或是斷斷續續的化整為零的懲治，則民心惶亂，人人自危，甚而激起民怨，發生叛亂。能夠快速處決，人心雖然一時震恐驚懼，但不久便可恢復，並且樹立了威信。對於以往在舊政權下生活滿足的人士，是比較容易對付而可加以利用的，因為他們自認為是新政權的敵人，避禍唯恐不及，如能稍假辭色，便會受寵若驚、誠心效忠。反之凡不滿舊日政府，或對新政府有所助力者，卻不易結納，不易滿足他們的意願，可利用時機，加以剷除。總之殺戮手段，為了權位的安全穩固是可以採用的，但僅可集中在一次，以後除非為民除害，不再輕易採用。至於施恩惠予人，剛好相反，宜乎微少而緩慢，使恩惠的誘惑力歷久而不衰。至於對付一般政敵，及有競爭可能性的貴族，一個君主則更需要向獸類學習，他說：「君主既然勢必要善用獸性，則應效法獅子與狐狸。」他認為大凡建立功業的君主，都是輕視信義，而以狡詐取勝，因為政權的角逐，不外兩種方式：一為法律，一為武力，前者適用於人，後者適用於獸。但是前者常感到不足以應付，每每不得不兼採後者，所以為君王者，必須兼具人與獸的技能，而所以特選獅子與狐狸者，是要為君王者既兇猛又狡猾，缺一則不可。只有獅子的兇猛，不足以防禦四周的陷阱，而只有狐狸的狡猾，又不能抵抗來襲的強狼。

政治的推行、政權的鞏固，固然需要法律和武力為工具，但法律的執行，必賴武力為後盾，所以軍事武力是國家的最主要基礎，軍事力量不僅可以安內，更重要的是可以向外擴張，開拓殖民地，這應當是一個國家的首要政策。他認為國家猶如一個人，人在青年期中，精力充沛，最宜於求發展，一個國家要想保持年輕強大，便要向外求發展，否則容易衰老危亡。擴張既屬必要，戰爭便是一個國家不可避免的事。他首先主張國民兵制，凡十七歲至四十歲的男子，都應當接受軍事訓練以服兵役，他告誡一個聰明的君王寧願用自己的部隊打敗仗，而不可用傭兵或借外籍軍力打勝仗，凡不是建築在自己力量上的名譽與權力，是最不穩固最不安全的。一個君王更必須了解軍事，精於戰略戰術，以便於指揮，否則其部屬將不尊敬他，他也不敢信賴他的部將和兵士。

由以上所述可知，馬基維里認為只要達到政治上的目的，是可以不擇手段的，只問成功與否，不必計較方法手段的好與壞。因此為了達到目的，對任何方法技巧，都應當加以研究，既然只問曰的不擇手段的原則確定，於是政治中便沒有道德可言了，目的是一回事，手段是一回事。馬基維里要謀求義大利的統一強大，這是他的目的，至於為使這目的實現，應採取何種手段，這兩回事可以並行不悖的，也就是說為了達到一個正大的目的，在方法手段上，是可以無所不用其極的，這樣他把政治與道德分開，二者之間並不必有密切關係。於是他把君主統治者的行為標準，與一般人的行為標準分別為二，絕不可以用規範一般人民的道德尺度去衡量一個君王，衡量君王道德，只有以能否保持及擴充他個人及國家的權勢為準則。換言之，就是政治中另有道德，君王們為達到政治目的，不僅可以不遵守一般道德，甚而可以不受法律的約束，他是超越法律的，他的權力並無限制，這樣一個立於一切道德及法律之上的君王統治者，必然是專制獨裁的。

第三節　馬基維里的政體盛衰循環說

馬基維里將政體分為君主、貴族、共和三種，但是他頗附和波里比斯的政體循環說。他的意思是認為這三種政體都會腐化，沒有那種政體可以永久常存，他說：「大致來說，國家之政制變更，是先由秩序而至紛亂，再由紛亂而復秩序，蓋人事界之固定，乃自然所不許。」每每是當一個國家發達完成至不能再上進時，即開始腐化下降，但當降至無復再低之時，又復上升。總是由貧弱而富強，復由富強而貧弱的如是循環。因為當國家貧弱之際，國民反能勇毅奮發，多難興邦，一旦國家步入安定和平，國民隨之怠惰，而致紛亂，以至於危亡，然後必再由危亡中奮起振作，但仍不免再次的循環。因此馬基維里常有輕文重武的思想，國家必須有勇敢精良的軍隊，始能維持和平，而促使軍隊腐化，生活淫佚的原因就是文學。

任何國家既必經喪亂而振興，復由振興而喪亂，故每至喪亂時期，必應採取專制的君主政體，或是適用於建國之初的擾攘不安，民主共和政體則宜用於守國。至於貴族政體，馬基維里對之最無好感，他認為一般士大夫階級，只知爭權奪利，彼此互不相讓，誰也不願屈服，小組織、小黨派最為活躍，足以擾亂政局的安定。貴族只是依其財富為生，其竊據官位，並不是憑其個人的服務，同時貴族階級，不管在任何環境中，皆為平民的大敵。在他看來，貴族政體不過是由君主政體至民主共和政體之間的一個過渡。

第四節　馬基維里思想的檢討

馬基維里的思想，數百年來曾受到許多責難與誤會，由於他所處十五世紀義大利的環境之下，憂國愛國之心切，為求速效，產生這種不擇手段的統治霸術，其動機及心情是可以想像得到的。但許多人認為他的思想，有助紂為虐的不良結果，使暴君型的統治者，能振振有辭，許多猖狂一時的獨裁者，都曾將他的《君王論》，視為南針秘訣。不過我們如果要對他作客觀的檢討，應當就其理論本身去探究。

首先就他的研究方法言，因為他很重視歷史，所以他很自然採取了歷史方法，以歷史的實例作證明，這種方法本來應該是很客觀的，但由於他對現狀不滿，常常流露出思古之幽情，乃有了厚古薄今之偏見，又由於認為人性本惡而不變，因此歷史便也不變，如此則不免成見太深，失之主觀武斷，一切觀點便就有所歪曲了。此在其政體盛衰循環論中，亦有類似的論斷，馬基維里由於嚮往古羅馬盛世的榮耀，可能亦受羅馬時期盛行的斯多噶學派自然法的影響，接受了命定主義。

次就人性惡而言，由於他有長期從政經驗，且身處盛行權謀詭詐的義大利政治舞臺中，所見所聞，盡是陰謀權詐的人物及事件，耳濡目染，乃自然影響其觀點，因此固然他對醜陋一面的人性，刻畫得入木三分，但人性畢竟是極複雜的，不能單單以本惡或本善，就可以一語道盡的，人性之中固然有自私利己成份，但何嘗沒有無私利他的高尚行為？賣國求榮的奸佞，固然是歷史上的事實，但殉國的忠烈也昭昭記載在史冊，社會上固然有見利忘義的小人，但也有見義勇為的君子，更多的是為子女甘願犧牲自己的父母。馬氏雖然重視事實，能就事論事，這是一種科學態度，甚而因此他被推崇為現代政治學之父，但是他只注視到醜陋陰暗一面的事實，而忽略了另一面，抹煞了另一半的事實，因此其推論及結論的正確性，便也不能不令人懷疑了。

再就其所謂的只問目的，不擇手段的原則而言，他認為二者可以並行不悖。但事實上用不當的方法手段，不僅常會造成惡劣的結局，更會妨害目的的實現，或改變了目的的本質。以霸術為手段，以求國家強大，只怕國家未見強大，即或一時強大，但也預伏下覆亡的種子，他的希望是以君王的霸道，以實現國家的統一強大，君王只是手段，國家才是目的，但結果可能混君王與國家為一體，手段與目的混淆不清。甚而手段竊據了目的的主位，君王反在國家之上，後果的惡劣，那是不言而喻的。馬基維里由於身處義大利的亂世，求治心切，乃冀望出現一位雄才大略的霸主，以拯救危亡。但國家是人人的，所謂「國家興亡，匹夫有責」。各行各業，皆有其貢獻及影響，掌握政權者固有較大的影響力，但畢竟是有限的。如將國家興亡，繫於君主或政治領袖一身，則猶如一髮繫千鈞，而人亡政息，歷史例證，昭昭可鑑。但馬基維里的霸術思想，即使在今日，無論是在極權或民主國家中，仍然有野心政客，執迷不悟，其必然自食惡果，為世所唾棄。

不過馬基維里仍然是有其貢獻的，他開拓了政治學研究的領域，使得在他之後的政治研究，知道注重實際政治問題，至於他將政治與道德分為兩事，固然值得商榷，但也因為他的看法，使得對公德與私德有了區分，也是觀念上的一個進步。而對霸術的種種揭露，使我們得以認清獨裁暴君、野心政客的真面目，亦不失為一種助益。

第八章　宗教革命時期的政治思想

第一節　宗教革命的發生

十六世紀在歐洲所發生的宗教革命，與前一世紀的文藝復興運動，對近代歷史的推動，可謂異曲而同工，文藝復興運動並無宗教目的，但其人文主義，提高人的價值，無意中貶抑了神的尊嚴，損傷了宗教的權威，宗教革命則更直接打擊教會，但是它並無政治目的，可是卻不自主的助長了新興民族王國的壯大。

本來在中古時期的歐洲，在政治上雖然是封建割據，四分五裂，但在宗教信仰上卻是統一的，所以造成基督教絕對的權威，現在經由文藝復興與宗教革命的一再攻擊，統一的勢力乃被破壞，否則一切新的思想便無由產生，近代文明也無從發展。

所謂肉腐而後蟲生，基督教會由於本身權勢的擴增，便日趨腐化，到了十六世紀，羅馬教會的威信及其教義，已逐漸在許多人心目中，大生疑問，而教會本身卻又無以振衰起敝，出身於義大利米狄西族的教會權要，以及各級教會的僧侶，其惡習穢德，人所盡知，賣官鬻職，任用私人之事，已司空見慣，尤其出售贖罪券一事，最為各方所詬病與痛恨，因為此無異是教會斂財的一種技倆，是為教會最大污點，有心者認為羅馬教廷實為一切罪惡之根源，因為它不僅未加以必要的補救，反而助長其惡風。在前幾個世紀中，早已有不少正直熱心的人士，發出抨擊，有改革的要求，至此，已如箭在弦上，勢在必發，只要有星星火種，便可造成燎原之勢，所以宗教革命已是時勢潮流所趨，一旦爆發，便不可遏止，而在各方面，都發生了極深刻的影響。

另外在政治及經濟方面，也有助成宗教革命產生的原因，並且使此一革命運動的性質愈形複雜，甚而成為一種長期性及繼續不斷的災害。就政治上言，新興的民族國家逐漸強盛，封建制度已形瓦解，世俗的統治者野心日增。民族意識增強，國家自尊心亦增高，造成人民的愛國觀念，統治者及人民都要求國家有完全的自主權，則必令教會受國家的管轄，而且深知其最大障礙，在於以教皇為元首的基督國協的存在，必須擺脫其掌握，以求得獨立與自主。所以從政治上看，宗教改革乃為一種民族主義的運動，因為民族意識與教會的世界觀念，是難以相容的。再就經濟上看，教會財富的殷實，尤為一般王侯們所垂涎，擁有資產及權勢的教會權要，與世俗的貴族並無不同，他們在各國都佔據廣大土地，地位優越，生活豪奢，所以一般王侯一遇機會，便乘機吞沒教會財富，據為己有。另一方面，一般平民深為教會徵稅之煩苛所苦，教會濫用經費，平民負擔加重，而且感到付出雖多，卻又未獲得任何代價。貧苦的人民，將他們的血汗積蓄，去供給傷風敗俗的義大利教會的貴族去揮霍，實在是不堪忍受的事，因此在一些邦國之中，全體上下莫不聯合一致，去反抗享有權威的教皇，及腐敗的教會。

第二節　宗教革命的後果

宗教革命後，羅馬舊教雖曾努力自行改革，終不能使基督教如中世紀一樣的再度統一，宗教分裂自此已成定局。當十六世紀末葉，羅馬舊教的勢力，僅保有義大利、西班牙、葡萄牙、法國之大部份及瑞士山區、奧大利、波蘭、愛爾蘭、匈牙利亦尚有大部份教徒。路德教派則擁有德國北部諸邦，及斯坎地納維亞之丹麥、挪威、瑞典諸國。喀爾文教派分成許多派別，傳佈於瑞士、荷蘭、蘇格蘭，另外德國、法國、英格蘭、波蘭、匈牙利亦有甚多教徒。而英格蘭復有其單獨的國教。因此自宗教改革後，在各方面都發生了重大的影響。

新教之所以能夠發展成功，實由於民族主義的推動，舊教之尚能保留一部份國家，亦出於民族的理由。而其在政治上之直接影響，是使各國君王的權勢愈形增強。新教國家的君主，藉沒收教會的土地，及取得支配教士之權力，財富亦因此大增。新教之確立，有賴君王之扶持，舊教之得以殘存，亦賴君王之支援，所有宗教不僅再不能阻遏政治權力之擴張，反而莫不仰政治統治者之鼻息，因此各國政治必然的更趨於專制，君主們為達到政治與宗教之統一，以利其王權之鞏固，於是各在其國內，採取殘酷的手段以排除異己。信仰新教者，對於舊教及其他新派宗教便加以迫害，崇奉舊教者，則又恢復恐怖的宗教裁判所，同時擁護君權與反抗君權的理論，相併產生，反抗的呼聲，最初雖甚微弱，但在長期的思想發展中，自有其貢獻。

宗教革命之後，由於宗教信仰不同，各國之內，固然政治統治者因排除異己，致發生戰亂，而各國之間，更經常發生所謂的宗教戰爭 (Religions Wars)。事實上每次戰爭，皆有其政治與經濟的因素。此在德意志各邦中尤為顯著。

第三節　路德與喀爾文

宗教革命是由馬丁路德 (Martin Luther, 1483–1546) 在一五一七年十月卅一日，寫了九十五條文告，公佈在德國威丁堡教堂大門上開始的。路德是一位熱情洋溢的宗教改革家，運動家，並不是一位愼密而有系統的思想家。他的思想，許多是因襲了前人的學說，而時有矛盾。他的宗教思想是回到原始那種清淨單純的信仰，他對於當時教會發行贖罪券一事，最為痛恨。他認為一個教徒只要真誠的信仰上帝，就可以得救，無需乎購買贖罪券。人的原罪，只有到最後的審判日，由上帝來決定赦免，在人世之中，是無人可贖的。事實上，贖罪券不過是教會斂財的手法而已。他進而認為人人可與上帝直接交通，無需教會及教士居中傳達，教會及教士不惟不能作為通往上帝的橋樑，反而是障礙，聖經是唯一信仰南針，是人人可讀可解的，無需教皇的獨斷。宗教信仰乃是每個人內在的感應，是屬於個人良知的事。只要當人們於自己的努力感到絕望，轉而信賴上帝時，便可自覺處於上帝的撫愛之下，上帝是無所不能，無所不在的。祂能直達於每個人的心靈，和每個人直接交往，使之純潔高尚，並不需要教會及無謂的儀式，更無需贖罪券。路德的這種看法，是一種宗教的個人主義，完全否認了教皇、教會及教士的存在價值，一切教會制度，都是多餘無益的。

路德在宗教信仰上，所主張的個人主義，與文藝復興所發出的世俗的個人主義，很容易得到呼應，走上同一方向。這在當時便產生了顯著的影響。這種個人主義的極端發展，便是放任，而至於無信仰，人人可通上帝，結果便是失去共同一致的信仰，於是每個人有每個人的信仰與上帝，不久德國便出現了「再洗禮派」(Anabaptists)，走出了宗教的範疇，邁向了政治革命，甚而有共產的主張，造成德國中部及南部的農民暴動，其領袖份子，便是路德的信徒。這使路德大為震驚，他對此種革命，痛加斥責，他指責這種無政府的混亂，行為有如魔鬼與瘋狗。他必須和君主貴族們聯結一致，予以鎮壓及消滅，所以他在政治思想上，一反宗教的個人主義，完全趨於反動守舊，而極力擁護君王。他深知失去君王的支持庇護，他的新教便無以存在發展，何況他的發動革命，本具有民族主義的精神，所以君王們也願與他合作，以達到政治與經濟的目的。他一如早期的奧古斯汀一樣，認為國家與政府，是由於人性本惡，墮落有罪的結果，乃是必然所產生，是上帝仁慈為懷，所以設計而提供，以維護人們所需要的和平與秩序，人在信仰，在上帝之前，是平等的，但在管理能力上並不平等，管理的權力須集中到君王手中，人民必須絕對服從，絕不可以叛亂。宗教與政治權力不可分離，宗教必有賴政治力量的維護。他雖然並未想建立一個國家教會，但在當時情勢下，他的教會不得不依附於國家之下，這對德國以後政治的發展，是極有影響的。

路德雖然點燃了宗教革命的火炬，但是卻受到環境的限制，不能擴大其運動，宗教改革運動的繼續發展，還有賴約翰・喀爾文 (John Calvin, 1509–1564) 的努力。喀爾文的新教，是以日內瓦為中心。當他自法國初到日內瓦時，適逢當地發生政治及宗教的革命，乃參與其事，革命成功後被推舉為教長，他便終身居此職位，他不僅是一個宗教領袖，而且也是一最高政治統治者，實際上他是將上帝的兩劍，都掌握在手中。

他使日內瓦成為一個新教的聖城，各地來朝謁及接受其教育者，絡繹於途。他徹底地推行了神權政治，人民日常生活都受到嚴格的管制，嚴肅簡樸，而對於異端，也加以酷刑處置，他在政治及宗教上，所表現的都是一種專制主義，並未曾主張人民權利及代議政治，但卻產生了意外的影響，他的理論與實際有太多不相符之處。他曾著《基督教之制度》(*The Institutes of the Christian Religion*)一書，是為新教之寶典。

喀爾文雖然也表示信仰不能強制，但是他的教派卻處處表現出道德的強制，及嚴格的教條化。對於統治者更強調人民有絕對服從的義務，君主的權力乃是上帝所賦予，他認為「精神上的自由，與政治上的約束，可以完全並行而不悖」。世俗的政府，乃是為使人類得救的外在力量，其對於人民功用，有如日光、空氣、飲水及麵包，不僅可以使社會秩序安定，財產有所保障，並且可使人不致不敬上帝，冒犯宗教，使誠實謙讓的美德得以涵養滋長。所以政治統治者，自有其合法與光榮的地位，並且有神聖性質，人民之應當絕對服從統治者，正猶如服從上帝本身，縱使統治者殘暴不仁，人民也只能忍受，自有上帝給予處罰。在他看來即使暴君主政，也勝於無君的暴亂。至於教會，乃是上帝所設立的精神政府，宣傳真理，人民也應該順從，其與世俗的政府，如同人的左右雙目或雙臂，乃相聯互助，缺少其一，便不克完成上帝的使命。

喀爾文雖力主人民必須服從統治者，但是他認為君主們也有其應負的責任，為免君主濫用職權，暴虐無道，他主張可設置監督官吏，為保護人民可以限制君主並且有反抗君主的權利。同時人民雖然不能為了私人的問題而反抗君主，但是當君主的命令與上帝的意旨有所抵觸時，那麼為了順從上帝不順從人，是應該的，上帝乃萬王之王。這種看法，也是以作為反抗暴君的藉口，而且他的信徒們散佈到各國去傳教，由於各在不同的政治環境中，所受到的政治壓力與迫害，每多富有反抗精神，以後英國的清教徒革命，便是淵源於此。

第四節　布丹及其主權學說

宗教革命之後，造成基督教的分裂，但在當時，新教之所以能發展成功，實由於民族主義的助力，而舊教之尚能保留一部份國家地區，也是由於民族的源由。此在政治上直接的影響，便是使各國君主的權勢愈加增強，因為無論新教的建立或舊教的存在，都需要有賴一般國君們的支援，這也使得君主們更趨於專制。同時由於宗教信仰新舊的不同，在國際間便產生了許多次的宗教戰爭，但事實上都有政治及經濟的因素，而在各國國內，君主們為達到政治與宗教的統一，也常利用宗教信仰的不同為藉口而排除異己，大加殺戮，如法國在一五七二年八月二十四日，聖巴托絡繆節 (St. Bartholonew's Day)，一日之內，在巴黎一地，舊教徒屠殺新教徒，即達近萬人之眾。這是一段極為擾攘不安，紛歧不一的時代，因此也阻礙了學術思想的正常發展，在此一時代中，唯一能獨具隻眼，配合時代需要，而又極有影響於後世者，便是法國學者布丹 (Jean Bodin, 1530–1596) 及他的國家主權學說。他想要運用他的學說，使國家定於一尊，使政治及宗教的紛擾結束，得到和平與安定。

當宗教因新舊不同，而發生激烈爭戰的時候，在法國出現了所謂「政治派」一批人，他們主張宗教寬容，信仰自由，宗教不同並不影響政治的統一，他們要集中政治權力，加強君主的威權，萬不可因宗教的差異，而導致政治紊亂，使國家動盪而覆亡。布丹便屬於政治派；他的《論共和國六卷》(*Six Books on Republic*

1576) 這本鉅著，便要完成此一使命。

布丹曾為法官，並且接近法國王室，參與過實際政治活動，所以他也是一位重視事實的思想家。他理論的目的，並不是在尋求真理，而希望有用於世，但是他能以冷靜的理智分析問題，不致為當時政治及宗教的糾紛而意氣用事。他不僅能以法律的眼光去看問題，並且以歷史的知識去研判，開歷史派之先聲。而布丹之利用歷史觀察法，乃是從整個歷史去看發展的趨向。他發現到歷史顯示出，變化是不可避免的，也就是人類的歷史是進步的，不是退化的，人類的黃金時代，絕非在過去，而是在將來。同時他在歷史的研究之中，用比較的方法，得知地理環境，如地形、氣候等因素，對社會進步的快慢，及政治的變動，有密切的關係。既然一切是變化進步的，因此一切法律制度便不應該墨守成規，在國家認識上，也要捨棄過去政治與宗教糾纏不清的觀念，而建立新的觀點。

布丹很重視家庭，認為國之本在家，而家庭的組合，也是國家的縮影。家庭是人類最原始的結合，夫婦及父子家人共同生活在一起，是最自然的，而卻不是自由的，子女是不可能自由選擇父母家庭的。此猶如一個國民屬於某一個國家的情形一樣。重要的是，一個家庭生活的幸福與穩固，有賴財產的維持，沒有財產，則無以生存，家庭生活與國家生活同樣需要建立紀律與秩序，所以家庭中乃以絕對的父權為中心，一個家庭的興隆昌盛，端賴一位有權威有魄力的父親為領導，同樣的一個國家便要一個最高的不可抗拒的主權為中心。

國家與家庭固有相似之處，國家與家庭的關係也極為密切，惟最初家庭的結合，係由於自然，一個國民屬於某一個國家，固然也是自然的而非自由的，但是國家的源起，即國家之所以產生，乃是由於武力，由於人類生活的各種需要，除了家庭之外，也組成了許多各類型的社會團體，這也是出於自然的，但是當許多社團結合而成為一個國家時，必經由武力而凝固，國家乃是武力產生的，他認為沒有戰爭，便沒有國家，有了戰爭，才產生領導者指揮統率，有了領導者，便也產生群眾絕對服從的心理，不如此戰爭便無以致勝，於是由村落而城市，再擴大而為省區，而為國家。武力衝突，造成武力領導，領導者與群眾之間，即是武力與服從，國家乃是一個主權者以武力及理智所統治的團體，武力是為國家產生的原因及特徵，如果人類一直和平快樂的生活，便不致有國家的產生。布丹的這種看法，是有他當時的背景依據的，當時一般民族王國的完成，都是以武力是尚，當時的法王也正欲以武力兼併諸侯，統一國家。不過那到底是他那一時的現象。

布丹不僅認為國家是武力的結合，而且武力也是為國家的特徵，因為要使一個國家團結統一，堅強的存在與發展，必須擁有一個至高無上的權力發號施令，使所有人民從屬於此一權力之下，這就是主權。他認為「國家是運用主權力量，對每個家庭及其共同事務之正當管理」。他更進而說：「主權乃是一國中絕對與永久的權力。」這也就是主權的特性。它是不受法律限制，而得以管制臣民的最高權力，國家之與一般社會及民族不同者在此。國家有此命令一切，而其本身卻不受任何約束的無上威權，才能完成一個政治聯繫，一個國家，所以主權是為國家的要素及特徵。

國家有賴主權的力量，以維持社會良好秩序，因此立法實為主權最主要的作用，主權者的命令便是一國的法律，用以統治其臣民，而不須獲任何方面的同意，因為它是絕對的。主權者以立法來約束他的臣民，但是他自己卻不受立法的約束。除立法之外，其他關於宣戰、媾和、任官、審判、赦免、鑄幣、課稅，都是為主權者的權力，這些權力都是絕對的，也就是完整而不可分割轉讓的，同時又是永久的，不可一時或缺。

主權固然如此尊嚴，但由於不致使主權成為抽象的觀念，必須有所寄託，也就是說必須有個主權體，在當時這主權體必在君主，於是布丹有了猶豫，也便就產生了矛盾，為求國家的統一和平，必須有主權，而又不得不將此主權交由君主所執行運用。可是他又怕君主握有此無上威權而濫用，於是他一方面說主權有絕對至高的特性，但一方面又說主權仍必須受到上帝法、自然法及根本法的限制，甚而又說主權者也不能侵犯人民的財產，因為財產是人民家庭的唯一保障，如此則其主權理論，更無以周延了。他一方面以武力為後盾，建立其主權的絕對權威，但一方面又不得已的給予倫理的限制，以致枝節橫生，研究他所以陷入此一困境者，是由於他將主權交給特定的人，而不是國家人民全體，因此他主權的另一特性——永久性，便也不能維持了。

總之主權論自布丹一開始，便是含混模糊及頗多破綻的。而布丹最為後人所批評者，是將主權給予特定的人——君主，及其所言者並非主權，而是統治權。惟由於時代的需要，他要使法國的封建貴族，宗教派別，及一切人民產生對法王的向心力，定於一尊，以謀和平統一的實現，他的理論符合了時代的要求，所以能得到推讚，對實際政治發生很大影響。每一個歷史階段，各有其特殊的使命，凡能完成其特殊使命，都是偉大的貢獻者，基於此點，則可以知道布丹在政治哲學發展的歷史中，自有其重要的地位。

第九章　霍布斯

第一節　烏托邦作者的反抗呼聲

經過了文藝復興和宗教革命的接續發生之後，宗教已失去思想信仰上統一的權威。所以一到了十七世紀，人的理性更得到了發揮的機會，近代文明也得以萌芽，在各種學術思想方面，都有了燦爛的表現，十七世紀可以說是一個充滿理性的世紀。

另一方面在政治上，民族王國已經更為成熟，同時如影之隨形似的，一般王國的君主，權力乃日愈集中，更增加了他們獨裁專制的聲勢。布丹的主權學說，幫助近代國家觀念的長成，促使國家的統一，也助長了君主們的權威，人民便漸漸感到專制壓迫的痛苦，反抗暴君暴政的吼聲終必發出。最初多由於爭取宗教信仰的自由，而逐漸發展到要爭取政治及經濟等各方面的自由與平等。就政治思想而言，一些思想銳敏的思想家，或積極的有理想政治的設計，或以消極的出世思想以反抗暴政，或是藉寓言方式以表達其懷抱，因此所謂烏托邦的思想，也頗為盛行。

這種承自柏拉圖理想主義的烏托邦思想，最足以代表和最早的，即為英人謨爾（Thomas More, 1478–

1535）之《烏托邦》(*Utopia*, 1516)，在他所描繪的美麗樂土上，廢除私產及貨幣，自由擇取職業、取用所需物品。之後義大利的康帕內拉 (Thomassa Campanella 1598–1639) 著《太陽之都》(*The City of Sun*, 1623)，不僅主張共產，甚而主張共妻，人民每日工作僅需四小時。至於英國的哈林頓 (James Harrington, 1611–1677) 所著之《海洋國》(*The Commonwealth of the Ocean*, 1656) 形式上雖假託為烏托邦，實際上是對英國共和時期之當時，作具體的建議，草擬了一部民治及法治的憲法。除上述數人之外，英國大詩人密爾頓 (John Milton, 1608–1674)，在一六四四年為了反對專制的英王查理一世（Charles Ⅰ, 1625–1649）設立出版檢查制度，向議會發表的一篇講辭——Areopagitica，是為論述思想自由的最早文獻，他堅稱「自由超過一切」(Above All Thing Liberty)，因為一個完美的人，在能得到齊一的諧和，思想與行為必應融調，用外在的壓力來統一國民，只能做到表面的死板的劃一，故必須給予人以自由，尤其是思想言論的自由最為基本。他認為封鎖言論，為禍之烈，尤勝於封鎖海岸港口，因其阻止真理之產生。撕毀一篇佳作，與殺死一人無異。同時他更認為人是生而自由的，人之出生在於出令，非在受命，所以國家權力本在人民，君王實如僕役必受法律之限制，暴君人人可誅，乃屬當然之事。

以上這些人的作品都表現了反抗專制政治的呼聲，烏托邦的作者們，以其寓言的方式，表達了對現實的憎恨，及所憧憬的政治理想。在所有的烏托邦之中，大都是既無國王，更無專制，沒有階級，沒有貧窮與飢餓，人民立於最公平合理的基礎上。雖然他們的描述近乎幻想，但不失為思想史中燦爛的一頁，尤其密爾頓以其詩人的熱情，論辯思想自由的重要，為以後自由主義發展的前導。但他們的思想在整個的大潮流中，所發生的影響並不大。

第二節　霍布斯其人及其時代

十七世紀是一個充滿理性的時代，在經過了文藝復興及宗教改革的一段培育之後，人們對宗教及古代學問，皆持有理性的眼光去觀察批評，不再是無疑的接受，於是對宇宙間的各種事物，也都重新研究探討。自哥白尼 (Copernicus, 1473–1543) 所著《天體旋轉論》(*On the Revolutions of the Celestial Eodies*) 發表後，至十七世紀克普勒 (Kepler, 1571–1630) 及加利略 (Galileo, 1564–1642) 繼續發揚光大，天文學的觀念，有了革命性的轉變。之後波以爾 (Boyle, 1627–1691) 及牛頓 (Newton, 1643–1727)，在化學及物理方面奠定基礎，開拓領域，人類的科學智識，乃與日俱增。尤其是法蘭西斯・培根 (Francis Bacon, 1561–1626) 之《新機關》(*Novum Organum*, 1620) 一書，提倡新的研究方法，鼓舞實驗的研究精神，是為後來英國科學發達的奠基者。另外笛卡兒 (Descartes, 1596–1660) 所著《方法論》(*Discourse on Method*, 1637) 也開創了近代科學與哲學新風氣，他的「我思故我在」之哲學名言，對經驗主義與唯心主義，均有莫大影響。至此，近代的新面目乃極為鮮明，霍布斯 (Thomas Hobbes, 1588–1679) 是此一理性世紀中，為近代政治思想中的第一人，以英國而言，他是第一個在政治思想方面，完成有系統的理論之偉大作者，雖然他的思想與烏托邦主義者的反抗呼聲不同，而是擁護專制政治，在今日視之，容或有不當之處，但是他的思想足以反映及代表他所屬的那個時代。

霍布斯之父為一牧師，因去職而遠離，母親早逝，霍布斯乃由其叔父撫養，十五歲時肄業於牛津大學，一六一〇年為得文郡伯爵 (Earl of Devonshire) 之秘書及家庭教師，後伯爵死，復為其子之教師，伴遊歐洲大陸各國，曾結識加利略、培根、笛卡兒諸人，對其思想大有影響。當其留居巴黎期間，對幾何學有濃厚研究興趣，所以他的論著，多以數學的方法加以組織。在一六四六年至一六四八年之間，他在巴黎曾為查理二世（Charles II，1660–1685）之數學教師，一六五一年發表了他最著名的一本書——《巨靈篇》(*Leviathan*)。

在政治史的發展上，十七世紀在英國，不到半世紀中，發生了兩次革命，就是一六四八年的清教徒革命，及一六八八年的光榮革命，由於受到革命的激盪，思想更為蓬勃發揚，所以此一世紀的政治思想，可以說是以英國為中心的，而霍布斯，就是一位最足以反映清教徒革命時期，具有代表性的思想家。

當時英國的宗教分為三派，即國教、天主教及清教。自從詹姆斯一世（James I，1603–1625）繼位為王之後，堅持君權神授說，一方面解散國會，一方面加強對宗教的控制。至其子查理一世（Charles I，1625–1649）繼位，仍然是剛愎自用，醉心神權政治，還要統一宗教的組織及儀式，完全不曾體認到時代潮流的趨向，終於觸發清教徒革命，並且前後兩次點燃內戰戰火。國家動盪不安，最後為克林威爾 (Oliver Cromwell 1599–1658) 所領導的以清教徒為骨幹的「新模範軍」所敗，查理一世也被判處死刑。之後十年之間，雖名為共和，實際上是克林威爾個人獨裁，而厲行清教式的嚴肅生活，使一般人民不堪其苦，待他死後，國會反而迎接流亡在法國的查理二世回國復辟，又恢復了王政，但國會已漸漸取得更多的權力。

這是一段戰亂不安的時代，因此霍布斯也如同布丹一樣，渴望和平與安定，他也要以其理論，建立一個至高無上的權力，使國家能夠團結統一。他曾為查理二世的數學老師，乃接近王室及保皇派人物，他所寫的《巨靈篇》，此一著作主旨，即在建立一個強力的政府，維護王權的鞏固，但竟不為查理二世及保皇人士所喜，更不為革命後主張共和者所歡迎。但他的思想細密而立論強固，合乎邏輯而有完整系統，而且可以代表其時代，產生了極為深遠的影響。

第三節　人性與自然社會

霍布斯的政治理論，是以心理學為基點，以分析人性而入手的。他認為人類的行為表現，是決定於他的感覺反應，這像自然現象一般，乃是一種運動的表現，無論視覺、聽覺、觸覺、嗅覺等感官的反應，都是由於外物運動所得到的刺激而引起者。但在各種感官反應中，有為人所喜愛而愛慕者，有為人厭惡而避忌者，如美好者必為人所喜，醜惡者則為人所惡，而最為人所喜愛者莫如生，最為人所厭惡者便是死，一切善與惡，也即由此而來。人類的一切複雜的感情、慾望，也無不由於愛與惡而生，所以說人類實在是一種充滿情與慾的動物，人既有情慾，便希望得到滿足，如果能深獲我心，便會感到喜樂幸福，否則便會悲傷、恐懼與痛苦。於是人便要追求財富、地位、榮譽與智識，以增加其權力所及的範圍，而得到情與慾的滿足，個人的幸福。但從另一方面說，已得到的權力，又恐懼其失去，只有繼續不斷的求其擴張，以得保持其既有者，以便能夠「自我保存」，得到安全感，所以人便是如此的在患得患失之中，他說：「我認為一切人類的普遍傾向，都是永無休止的追求權勢的增加，這種欲求只有至死而後已，其原因並不是要追求更大的權勢、為更多的快樂，並非他不滿意其已得權勢，而是因為假使他不獲得更大的權勢時，他將不敢保證他現有的權勢，是否可以保障其美滿的生活。」

霍布斯如此的分析人類生活的一切動機，人人追求權力，而唯恐受到他人侵犯，以便獲得生存的安全，所以人與人之間便互相競爭，而致相互猜忌，不能相容，這也就是人性自私的表現。他更進而推論，這種自私自利，只知道自我保存的人，人人追求權力，追求情與慾的滿足，人與人之間必然的會發生衝突爭鬥，而在沒有法律，沒有政府的自然狀態中，那便完全是一種「人自為戰」的狀態。自然社會無異是一個戰場，是一個人間地獄，環繞於人類的是孤獨、貧乏、殘忍與卑鄙，生活艱困，而生命短促，死亡的恐怖，隨時緊緊的追隨，此時的人類，實在如同豺狼禽獸，在這種情況下，當然任何文明的事，不能產生，同時在這種自然社會中，也並無所謂是與非，正義或邪惡，因為沒有公共的權力，亦無有法律，強力與欺騙是最基本的表現，用體力與智力以較高低，擊敗敵手，求得生存。霍布斯是認為人生而平等的，相類似的，如果人在體力與智力上相差懸殊，便會是弱肉強食，無所爭端了。他說：「自然所造成之人們，在體力與智力上是如此之平等，雖有人或身體較強，或思想靈敏，但就一般言之，人之差別不大，即以體力而論，最弱者亦有充份力量致最強者於死命；不論是出於詭計或聯合他人合力擊殺。」

由於自我保存的本能，人在自然狀態中，可以做一切他能力所及，有利其生存的事情，這乃是人的自然權利。霍布斯認為：「自然權利就是每個人有使用其力量的自由，藉以保存其一己的生命，所以一個人有權利做任何事，只要依其理智判斷，認為有利其生存者。」同時他也承認有自然法的存在，所謂「自然法是人理智上所發現的一種普遍的規律，禁止各人做有害於他自己生命之事，及放棄其維持生命之物，並命令他去做認為最能保障其生命安全之事」。這種自然法的解釋，仍然是站在人性自私的觀點上，為自然權利說作一引申，不過他這種自然法的論據，在他的政治思想中，仍佔有重要地位，因為如無此一論據，便無以推演他後面契約說的理論。

第四節　契約與主權

依霍布斯看來，自然狀態就是戰爭狀態，人們無時不在提防敵人的侵襲，在死亡的恐怖中，惶惶不可終日，這種生活實在是不堪忍受的，這必須是一種暫時性，過渡性的。雖然此時的人們都享有絕對的自然權利，卻並無可貴，只是時刻懷著戒懼的心情，費盡心機以圖一己的苟活殘存，但仍不免遭遇悲慘的命運，此種狀態，必須使之結束，否則將要同歸於盡。於是自然法發生了效力，自然法是要人選擇最好的生存方法，最佳的自保之道。人是有理智的，能夠了悟到和平相處，共同合作，較之暴力詭詐的角逐搏鬥，對各自的保存要為有利，至於如何使野蠻戰爭的狀態，一變而為文明和平的社會呢？他認為與其人人有無限的自然權利而致互相傷害，不如放棄所有權利，建立一個公共權力，對外能夠防止敵人的侵害，對內能制止互相的侵擾，而唯一的方法，便是大家互相訂約而同時要信守契約，將一切權利交賦予一個人或一個團體，他將眾人的意志，化成為一個意志。換言之，就是指定一個人或一個團體以代表眾人，他的意志可代表大家的意志，則眾人必須將各自的意志及一切權利放棄，完全服從此一最高意志的命令，使全體服從於一個力量之下，然後才能得到真正的和平統一，這乃是由眾人相互訂立契約而來的，這是合乎自然法的，自此以後，便可由此一聯合而構成為國家，所謂「巨靈」者，便也產生，巨靈者，就是國家。

這種契約產生之後，便從無組織而至於有組織，而產生了一個最高權力之後，就可以用強制之力，使人們立於相等的地位，結束敵對爭戰的狀態，可以安居樂業，促使文明進步。但是為了促使這個最高權力的產生，參與訂約的每個人，必須放棄他所有一切自然權利，交給最高權力者，否則便是一種反社會性的行為，政治社會無以組成。這種放棄權利，乃是訂約人民相互之間的事，而將眾人權利收合為一的最高權力者，並非參予訂約者，所以不受契約的任何約束，而一般人民，一旦約成，便必須信守契約，絕對服從。也就是一旦契約訂立，國家產生，政府對象確定，人民便只有聽從命令，沒有反叛的權利，政府卻可以任意行事，不受拘束。至於人們何以不能自動自發的和睦相處，而必須如此的成立政治社會？根據霍布斯的看法，他認為一群蜜蜂或螞蟻，可以群居一處，分工合作而不相爭鬥，因為牠們沒有權力與榮譽的要求，牠們也不會批評蜂王蟻后，但是人不同，在人類中，沒有刀劍的盟約，便等於是空言。

霍布斯所說的這個由契約所產生的最高權力，就是國家主權。必須有此最高權力，國家才可以誕生，然後才有法律，有正義，私產的享有，秩序的安定。國家主權是一切權力中最大者，可以代表國家，表達國家意志。而不論主權操於何者之手，它都是絕對的，無限的，永久的，所以不受任何約束，而它的任何行為，都不至破壞到契約，因為它非訂約者，所以沒有受約束的義務，沒有守信的限制，因此它的任何作為，便也無所謂背信違約，公道或不公道。至於主權何以具有此無上權威？他認為這仍然是由於人類的自私，必須絕對服從主權，各人才可以得到和平安定的生活，否則便又回到了自然狀態，置身於殺氣騰騰的戰場之中，權衡利害，還是生活在國家主權之下比較好。主權者既握有至高無上的權力，則很容易造成專制政治，霍布斯雖然也承認這一點，但是他認為專制政府也比無政府好，所以人民無論在任何情況之下，都不得反抗政府，更不可推翻主權者，否則便是人民自己不守信約，是人民的不公道。

國家及主權的產生，都是由訂立契約而來，參予訂約的人，固然應當守約服從，但如有少數未參予訂約，或不願簽約者如何處置？霍布斯認為這些少數人也應當強制其服從，不然可予驅逐或採取任何手段，予以制裁，他們既未簽約，便是仍生活在自然狀態中，將他們趕盡殺絕，亦無不可。這好像建造一座大廈一樣，大廈既已完成，這些剩餘的不適用的石塊，可任意廢置拋棄。再者契約的效力，不僅約束到訂約的當事人，並且也約束到他的下一代。國家與主權固可由訂約協議而產生，也有的國家，主權是由實際獲得者。他曾經表示人民於原有主權不能保障他們的安全時，可以服從效忠於另一個能保障他們安全的新主權者。總之，無論對那種主權的服從，都是由於恐懼的心理，由於對安全的需求，是絕對必要，而且是出於自願的。

主權者為了維護其權力及秩序安定，必須享有絕對權力，尤其是關於思想的審查、法律的制定、訴訟的判決、宣戰媾和的決定、官吏的任命等。他對於布丹所說主權者仍須受到上帝法、自然法及根本法的限制，大不以為然。霍布斯的理論，是使主權真正達到絕對至高的境地，而在他的理論之下，政府的專制也較之馬基維里更高一層，更有恃無恐，而振振有辭。

第五節　對霍布斯思想的討論

霍布斯由於受到當時環境的影響，使他對於和平安定最為渴望。同時由於他受到科學萌芽初期的洗禮，深愛數學智識及方法，尤其是幾何學，但也因此使他容易相信自己的推論，固執己見而忽視事實。首先就其對人性的看法而言，他以心理學的觀點分析人性，認為人性是惡的，是自私自利的。他的這種看法，可以說已超過了和他同一論點的馬基維里，因為他說出了人性自私的所以然的原因。不過自私固然是人性的一種表現，但人類也有其無私的理性表現。他說人是充滿了感情與慾望的動物，但感情的成份中，卻並不都是卑下的激情，也自有高貴無私的感情流露。人類對於是非善惡的辨識，並非如他所說是一無所知，只是以個人的愛惡而為善惡。但是他一方面肯定人性自私，充滿追求權勢的慾望，卻又認為人也有明瞭自然法的理智，以及建立國家的社會性，這顯然是有所矛盾的，如果人類是完全自私而孤獨和野蠻殘忍的，則任何群居的社會生活根本無由產生，更何談國家政府的建立；假使人既有理智能訂立契約以建立國家，那麼自然狀態，便也絕非如他所描繪的那麼陰森悲慘。由此可知，他所說的人性，不見得是原始的人性，相反的卻是後世注重功利的社會中所表現出來者。事實上即使在最遠古的自然社會中，個人也並非是單獨孤立的，家庭應先國家而存在，至少個人有與他人聯合，互相依存的體認，就是禽獸也還骨肉同居。同時契約的觀念，必須有待有文明、有社會關係之後，始能領會。但霍布斯卻一味強調自然人之野蠻孤獨，果若如此，則契約實無由產生，更不可能在旦夕之間，一向野蠻離立孤獨的人，會忽然全體一致的對自然法豁然貫通，甘願放棄所有權利，訂立契約，這在心理上是不可能的。

霍布斯契約說之假想，其目的完全在於產生絕對至上的主權權力。但事實上，都是他一己的獨白，最令人不解的是此一主權者，從何而來？自然社會的人，一律自私，互不信任，此主權者也是其中之一，大家何以會平白的將一切權利，拱手讓予給他？何況主權者並非訂約的任何一方，也並未提出任何保障。依照霍布斯的設計，人民在自己所造的「巨靈」之下，是沒有自由的，只有絕對的服從，主權者不受任何約束，又不負任何責任，必然的會濫用權力，獨裁專制也是必然的結果，在他看來，人民即使生活在暴政之下，也勝於無政府的自然社會，但是在各國的歷史上，都常常記載有人民為反抗暴政起而革命的史實。自然社會如果是戰場，但生活在如此巨靈之下，也無異是座死牢，人既是自利的，則何必要作繭自縛？他過份誇大了恐懼心理及對安全的希求，但事實上，他自己也承認當時清教徒革命成功的事實，因為他認為當主權者不能有效的運用主權時，人民便要服從能夠保障其安全的新主權者。他也因此而開罪查理二世及保皇派人士，而由巴黎出走，依從於克林威爾政權之下。如此則其主權的絕對性、永久性等說法，便不能使人毫無疑問的接受了。

霍布斯的學說，固然可予以檢討，但是他仍足以代表他的時代，是為近代第一大思想家。當時實際政治表現，是重集團而趨向專制的，他將以往所有擁護專制的理論，作了一個總結，但絕無神權迷信成份，他固然樂意將主權給予君主，但不再是君權神授，而是君權民授了，他的思想反映和代表那個時代，同時也結束了那個時代。

霍布斯的理論，雖然重視國家集團，擁護專制，但其出發點，是由於人類的自我保存，所以其國家之產生及存在，都具有個人主義及功利主義的色彩，在他的學說中，所表示的自然法與自然權利的觀念，以及主權產生的原因，都有助於民主思想的發展。主權雖然至高無上，但是它畢竟還是有其責任的，要給予人民安全的保障，如此國家雖非民有，但亦應民享，其實翻開契約，一切權力原本都是來自人民。而他的主權理論，也畢竟加強了國家的觀念，增加了國家的權威。

第十章　民主政治的奠基者——洛克

第一節　光榮革命與洛克

洛克 (John Locke, 1632–1704) 其人，無論就政治思想史或政治史的發展而言，都是最有貢獻，極具影響力的人。他的思想對英、美、法三國的革命，都具有直接的震撼力。要想知道今日民主政治的基礎及來源，尤其是歐美國家民主政治的精神及本質，都必須要從了解洛克的政治思想著手。

一六四八年英國的清教徒革命，雖然歷經兩度內戰，國王查理一世被判決處死，但卻是一個早熟的革命，早熟則易夭折，只經過了短短的十年共和時期，斯圖亞王朝的查理二世（Charles II，1560–1685）便再復辟。在查理二世去世之後，他的弟弟詹姆斯二世（James II，1685–1688）繼位才三年，使又發生了一六八八年的光榮革命 (Glorious Revolution)，光榮革命雖然是一個最溫和的不流血革命，但卻是一個最成功的革命，英國經此革命之後，實現民主政治的基石業已奠定，故直到今天，再無革命發生。此一革命不僅造福英國，即對於世界各國民主憲政的推動，也大有助力，洛克可以說是此一革命的代言人，因為他的思想吻合了時代要求，使他開創了一個新時代，並且發生領導時代的作用。

一六六〇年查理二世復辟之後，在位廿五年，大致說來，在各方面還能相安無事，他表面上還能尊敬當時的國會，流亡生活使他知道了退讓，而手腕圓滑。但是繼位者詹姆斯二世卻褊狹固執，仍堅信君權神授說，完全蔑視國會的權力，並且在宗教上，又想要重建天主教的權威，乃遭遇到各方面強烈的反感，而致眾叛親離，無人同情和擁戴，所以當一六八八年他的長女瑪麗及其夫婿——荷蘭王威廉（William of Orange），經國會邀請，前來倫敦執政，沿途長驅直入，未有任何抵抗，沒有流血戰爭，詹姆斯二世已為其國人唾棄，只好出奔法國，革命乃告成功。此一革命的成功勝利，猶如水到渠成，瓜熟蒂落。革命告成之後，便頒佈了「權利宣言」(Declaration of Rights)，到了次年十二月，更制定了「權利法案」(Bill of Rights)，規定英王必須隸屬於英格蘭教會，即是為國教徒。並且不得中止法律之效力，非經國會同意，不得課稅及設常備軍。國王也不得干涉議員之言論自由，不能因政治行為而任意拘捕。人民有請願權利，並設立公正的陪審制及冤獄賠償。在宗教方面，也頒佈了「寬容法案」(Act of Toleration)。經此變革，國會權力大增，不僅代議制度得漸確立，而政黨政治及內閣制的精神，也有了開始。

洛克的父親是一位律師，並為一清教徒，曾參予清教徒革命時期的戰爭，所以洛克雖然肄業於守舊的牛津大學，但仍傾向維新。而且他曾擔任沙福斯特堡爵士(Lord Shaftesburg)的私人秘書及醫生甚久，此人就是英國維新黨的創始者，並曾為上議院議長，他對洛克的政治生活及思想，都有很大影響。爵士為反對詹姆斯二世繼承王位，結果被逐出英國，偕同洛克出奔荷蘭，光榮革命成功之後，爵士已去世，洛克則隨瑪麗返回英倫，很受到當局的禮遇，但不願擔任實際官職，得以在平靜的生活中，專心著述。他的最主要著作，而與光榮革命相呼應者，便是《政府論兩篇》(*Two Treatises of Government*)，發表於一六九〇年。

洛克在發表《政府論》的同年，並發表了《人類悟性論》(*Essay Concerning Human Understanding*)，這也是極有創見而富有革命精神的一本書，並且也極有影響於民主政治思想的長成。在這本書裏，他反對有礙民主政治發展的先驗論的哲學，而主張經驗主義。他認為一切知識，是由經驗而來，人在嬰兒時期，每個人的頭腦和心靈，都如同一張白紙，一無所知，思想與知識之所由來，是得之於感覺與知覺所促成的經驗，多一點經驗，便多增加一點知識，經驗的累積，造成豐富的知識。一個人的經驗有限，所以必須參考他人的經驗，然後才能擴大知識領域，一切是非善惡，都應當以大家的經驗為參證，才可採信。同時由於生活經驗的不同，彼此間意見，不能夠盡然相同，便不可強他人必同於我，而視他人為異端。由此可知洛克的經驗主義中，包含有自由平等的精神，人人經驗的價值相同，人人是站在平等的立場，人要服從及尊敬的，是經驗最多的人，而經驗必有賴具體的事實為根據，抽象的概念既非為實在，則君權神授，可不攻自破，沒有任何人是天生的統治者，而天堂地獄的存在，便也只是神話，一切問題，既然都必須向個人的經驗中尋求答案，因此也使思想的權威，變為不可能。他的經驗主義，使以後的民主政治有了理論根據，而自由主義也由此而生，他自己的政治思想，也奠基於此。

第二節　洛克的契約說

在洛克政治思想中，最具影響力的理論，是他的契約說。他也像霍布斯一樣，從自然社會說起，以推論國家之何以起源，但所見不同，結論便也大有差別。

洛克認為初民在自然狀態的社會中，並非是相互為戰的敵對殘殺狀態，大家係依靠理性而相處生活，並沒有共同的長上權威來裁判彼此間的糾紛，那是一種完全自由的狀態，人們可視其所宜，安排個人的行事作為，但也並非是一種放縱狀態，因為還有自然法及人們相互間的相處之道來維持秩序。他說：「在自然狀態中有自然法的管治，人人必受其約束，而理性，也就是自然法，其所教誨予人者，是人類彼此平等獨立，任何人不應損害他人的生命、健康、自由和所有之物。」人類乃是理性動物，具有發現自然法的本能，所以雖然沒有國家組織，沒有政府及法律，但大家仍能在一種和平、善意、互助共存的狀態下生活。洛克極不滿意霍布斯將自然狀態與戰爭狀態混為一談，在他的筆下，自然社會幾乎是人類的黃金時代。但是他並非認為自然社會中沒有紛爭，人們常由於理智的不夠健全而感情用事，如果一般人都能處於正常狀態之下，以理智駕馭感情，遵行自然法，我願別人如何待我，我也如何對待別人，則生活於自然社會，未嘗不能有井然的秩序，與快樂幸福的生活。

人在自然社會中，依照自然法生活，是可以隨意的處理他們自己的財物及身體，而不必徵求他人的同意，得到他人的允准。洛克認為人是生而自由平等及獨立的，因此都有其應享有的自然權利，而自然權利中最基本的，就是生命權、自由權及財產權，這也就是自然法的主要內容。他對生命、自由、財產三者，尤其重視財產，因為生命與自由都要以財產為基礎，以作為保障。財產權的產生，依洛克看來，乃是勞動的結果，他認為在自然狀態中，財產本為共有的，個人有權在大自然界中，各取所需，但由於加上了個人的勞力，便可歸之個人所有，故所謂財產權，就是自然物加勞力所得到的收穫與權利。他說：「就原始而論，勞動就是財產權產生的根據。」洛克之所以有這種財產觀念，及特別重視財產者，乃是由當時清教徒思想而來，清教徒們認為財產乃是上帝對勤勞者的獎勵，他們多為自食其力的技術工人，皆以勤奮節儉而起家，所以重視財產，以求生活的安定。以後的馬克思，認為洛克的財產觀念是商業資本社會的產物，但可笑的是他的勞動價值說，卻是源於洛克，抄襲而來。可是洛克因勞動價值而承認私有財產，他甚而認為保持私有財產，就是組織國家的最初原因，而馬克思則加以否定，反主張共產。不過時至今日，已不再是手工業的時代，這種勞動價值的財產觀念，已不可能言之成理，事實上，即使在洛克的時代，許多財物的價值，也並非都是由勞動而來。

前面曾經說過，初民在自然社會中，並非毫無紛爭，事實上紛爭常常是不可避免的。自然法固然可以約束人的行為，但仍然是有缺陷的。第一是缺少一種明確而周知的法律，由共同的同意而承認為是非的準則，作為裁定一切紛爭的尺度。第二是缺少公正無私的法官，依據確定的法律，以解決紛爭的威權。第三是缺少共同擁護的裁判，及使之能夠執行的權力。自然法是抽象的，在自然社會中，乃由各人自我解釋，但各人的年齡、智力、身份及利害關係不同，便造成了一人一義，十人十義，人愈眾而義愈多，解釋既互有不同，以致是非莫辨，黑白難分，又由於缺少法官的裁判及執行的權力，使人有冤亦無處申訴，在此種情形下，雖非人自為戰，而也是人自為是，也足以造成不方便，由小而積大，紛爭衝突無可避免，於是洛克也要以契約結束自然社會的紛擾。

洛克既認為自然社會中有許多不方便，訂立契約以結束自然社會而成立政治社會，進入國家境界，建立文明政府，乃理所當然，事所必須。自然社會的不方便，約而言之，就是由於人人都有對自然法的解釋權及執行權，以致造成許多糾紛，現在所要做的是要每個人放棄此種權利，將之交給社會全體，然後產生政治的權力，也即是共同承認而擁護的公共權力，以便立法與執行，同時又可以捍衛國家，不受外力的侵害，而謀增進公益。他說：「人們放棄其個人的自然自由，而接受政治社會約束的唯一途徑，是與其他的人相約，聯合組成一個社會團體，以謀大家彼此舒適安定及和平相處，使大家得到財產的保障與享受，並防禦損害，得到較大的護衛。」這表示說人們訂立契約，並非僅只產生一個社會組合，實際上在自然狀態下，早已形成社會的條件，而是藉契約的訂立，產生一個政治的或公民的社會，也即是說人們所要求的不只是一個社會，而是組成國家，建立一個政府。由此可以見出，洛克的契約是雙重的，第一步組成國家，繼之建立政府。

國家產生，政府建立，使人們生活於政治的、公民的社會，也就是文明的社會，其與自然社會的不同，是在文明社會中，社會全體的力量，是解決人與人之間糾紛的裁判者及執行者，使人的冤屈有處可以申訴，得到公正的裁決。所以文明社會與自然社會的區分，並不在於有沒有君主或政治權力，如果有君主而所行者為專制政治，即使有政府、有法律，但是當人民與君主及其政府有所衝突時，人民依然是有冤無處可訴，其處境仍然是無異於自然社會。所以自洛克看來，政治權力必握於社會全體之手，並根據此一原則，以建立受人民委託的政府，政府中有立法機關，以作統一的解釋，有行政機關行使執行的權力，但執行必須依據解釋的內容，也就是說行政機關的權力行使，必須依據立法機關所制定的法律，所以立法先於行政，也即是高於行政。以當時英國而言，意即國會高於國王，此即是洛克為光榮革命辯護的邏輯，理論的根據。

依照契約，人民所放棄的僅只是解釋權及執行權，將之委託於政府，至於其他基本的自然權利——生命、自由、財產等權利，並未放棄，仍然如同在自然社會中一樣的享有，政治權力不僅不能加以侵犯，並且應該加以保護，否則便是違背自然法，違背契約的精神。人民對這種不合理的政府，可以推翻，將讓出的權利收回來，另訂契約，另組政府。在洛克看來，革命的權利也是為人民所應有，雖然不是自然權利，但根據契約的權利義務觀念，是應該為其所享有。以前霍布斯的契約，無異是人民的一份賣身同意書，洛克的契約，則使政府也為訂約的一方，也有守約的義務，讓人民獲得了一份民權保護狀。洛克認為所謂一個文明政府，必定是一個受限制的政府，而後人民的權利才能得到保障，以上的論據，就在支持這一點。這個理論無形中也包含了人民主權的觀念，雖然在洛克的論述中，並未曾直接討論主權的問題，但主權在民的含意，是很明顯而易見的。立法權固然高於行政權，似乎為一國中最高權力，但是其權力係受人民委託而來，委託其運用法律以保障生命自由財產，如果違背此一委託目的，人民自然可以解除其立法權力，由此可知，國家最高最後的決定權力，在於人民。

洛克的契約論中，還有兩點重要理論，影響以後民主政治的發展很大，就是「同意原則」及「多數決原則」。同意與服從有著密切的關係，政治社會必須擁有權力，以謀公共利益及社會的和平安全，人民如何能在權力之下，仍然能享受到應有的各種權利而不致衝突矛盾，這則有賴同意與服從的公式調和。他認為契約的訂立，須經由人民的同意，如有不同意者則可退出此一政治社會。同時所謂同意，也並非如霍布斯所言，是父可以代子的，後代的子孫，當其成年時，也有其表示同意的權利與機會。但假使訂約之初，有少數人不同意，或是後代的子孫相繼不斷的表示意見，或同意或不同意，那麼可以隨時隨地的加入國家或退出國家，那將是不勝其煩而徒增滋擾的，於是他再創出多數決的原則。少數必須服從多數，如果少數不同意者，並無有退出國家的行動，那則表示業已「默認」，是消極的同意，願意服從多數的決議。後代子孫自然有權對其先輩所訂立的契約表示意見，設若其並未離開國家，也就是表示默認同意，則前一代的契約，便也同樣的對他有約束力，他同樣的可享權利，但也要盡義務。洛克認為在一個政治社會中，無時不在徵求人民的同意，一條法律頒佈之後，便可以看到人民的反應如何，多數人同意，自可服從，此一法律自可實施無礙；如果為多數人所反對，甚而可釀成革命，則是表示多數人不同意。這兩個原則，使民主政治所遭遇的難題，有了解決的途徑，因為沒有同意原則，民主政治的理論無由建立，沒有多數決的原則，則民主政治的推行便無由發動。不過多數決定也並非就是最妥善的辦法，而只是較妥善的辦法。多數決定必須要站在公道、平等、善意、及謀求全體福利的立場上去決定，否則，多數決定也可能變成了多數專制，產生了以眾暴寡的不良後果，此亦是為研究民主政治應當加以注意的。

第三節　政府的分權及解體

洛克的《政府論》，又名為《文明政府論》(*Of Civil Government*)。所謂文明政府，洛克認為就是要受限制的政府。因為政府的權力如果不受限制，勢必專制暴虐，人民受制於此種政府之下，有如生活在野蠻的自然狀態中一樣，有了冤枉無處可申訴，不僅得不到保障，反而更感到受迫害的痛苦。同時他也深知掌握權力者，總歡喜擴大權力，最後必將集中權力而濫用權力，獨裁專制則不可避免，所以他主張要將政府機關分立，避免權力的集中。再者由於所負職務性質不同，也應當依分工的原則，劃分為不同的機關。於是他便將政府權力，分為三種，便是立法權 (Legislative Power)、行政權 (Executive Power)、軍事外交權 (Federative Power)，分別由三個機關執掌。他這種政府分權的主張，是不同於以後孟德斯鳩的理論，和今日一般歐美國家立法、行政、司法之三權分立的。

洛克認為在三者之中，是以立法權最高最重要。因為在一個政治社會中，任何人都不能免除了法律的支配，但是立法權終非是主權，其權力仍然有所限制，即不得侵犯人民的生命自由財產，而且必須要在多數人的同意下始能生效，使人民自由不因法律而喪失，反而更有保障。他說：「法律的目的，不是剷除或削減自由，而是保存與擴大自由。」立法權的另一限制，是不能任意將其權力交付其他機關，否則便破壞了分權的精神。他之所以如此主張者，是因為立法機關係受人民委託而行使立法權，凡受委託的權力不能再委託出去。此一原則，至今仍為美國最高法院所引用，認為國會負立法專責，不可委託立法，所以加上許多的限制，否則便是違憲。

行政機關的工作，在於執行各種法律，其工作不可一日中斷，同時其工作繁重，項目複雜，甚而他將司法審判工作，也包括在行政權之內。洛克的政府分權論中，沒有將司法權獨立為一個機關，似乎是件怪事，可能他是另有用心的。在他看來，司法機關所擔負的也是執行法律的工作，便併入在行政權之內。但事實上，在洛克的時代，英國要求司法獨立的論辯已很激烈，因為司法權一向是國王的一種特權，常常用以迫害政敵，排除異己，司法權便成為國王的一種統治工具，因此有識之士都主張及爭取司法獨立，在光榮革命之前的一位學者科克(Edward Coke, 1552–1634)，曾主張無論法律或命令，如果違背了英國的普通法，法院可以拒絕執行，以表現司法獨立的精神。光榮革命之後，規定法官是為終身職，非經國會之決議，國王不得任意罷黜，這都是表現司法漸趨獨立的發展。

至於軍事外交權，是包括對外締結盟約及軍事的權力，用以維持國家的獨立安全與繁榮，因其有特殊的性質及工作的技巧，所以洛克依分工的原則，也將之分開為一個獨立機關。事實上，因為當時查理二世常為了保持他自己的權位，作個人的秘密外交，與法國締結軍事同盟，私自向法國借款，甚或出賣國土，發動喪師辱國的對荷蘭的戰爭，為害國家甚大，所以洛克主張將此種權力，從國王的行政權中拿出來。但直到今天，一般國家的政府組織中，並未曾將軍事外交權，獨立於行政權之外。

洛克政府分權的看法，在理論及實際的影響上，似乎都不如以後的孟德斯鳩，可是孟氏的看法，一定是曾得之於洛克給他的啟示及影響。洛克並沒有主張三權的牽制與平衡，他是要以立法機關為主，高於其他兩個機關，因此互相之間，也並未截然劃分而斷絕關係。決策與執行，本來是混然為一的，洛克早有見於此，是極有見地的。他的政府分權說，最所希望的是行政要向立法負責，亦即是國王要向國會負責，能做到這一點，便已經可以達到防止專制的目的，實際上這就是以後英國內閣制的基本觀念，由此而言，洛克的分權說，對英國政治制度的發展，仍然是有其指導的作用。

根據洛克的契約說，他對於國家與政府，較之霍布斯有清晰的辨別。霍布斯的「巨靈」，則混國家與政府為一體，同時也便將主權與統治權混而為一，因此在霍布斯的契約中，認為人民必須絕對服從於政府主權之下，如果政府瓦解，人民苦難即跟隨而來，那不僅是一種無政府狀態，而且整個國家與社會也隨之解體，人民的生活又要回到自然狀態的相互為戰的殺伐之中。洛克則極力否認這一點，在他看來，政府的解體與社會解體是不同的，政府的解體是由內而起的，或由於立法機關的變更，或由於一般政府違背民意，人民不再依從其法令。社會解體則是由外而生。洛克認為政府機關係受人民委託而行使權力，設若其違背委託原意，施行暴政，不以法律管理，而以私意統治，不能保障人民的財產及生命安全，反而但求滿足私慾，貪得無饜，表現惡劣，完全背棄了設立政府的旨意，人民處在此種暴政之下，便沒有服從的義務，因為此時的政府與人民乃處於敵對狀態，人民有權起而革命，變更政府機關，而迫使此種政府解體。但政府解體，並不致波及到社會亦隨之解體，政府解體之後，一般社會仍然可保持其固有的組織，一般社會關係仍然存在。人民彼此間，仍有社會的道德律，以維繫生活。

洛克用革命的權利以證明人民是為國家的最後的決定者，否認霍布斯之所言人民將隨政府的解體而同歸於盡，以致於使人民必須忍受任何暴政，而毫無反抗自救的權利。不過自洛克看來，人民固有權革命，卻也並非輕率發動，視顛覆政府為常事，以表現人民權力的優越性。事實上從歷史看來，人民的思想是保守的，行動是遲緩的，不會因政府的偶一錯誤而觸發革命，常常是忍之再忍，被逼到山窮水盡時才發動革命。他說：「統治者有了許多很大的錯誤，制訂許多謬誤而無益的法律，並且犯了人類一切疏忽，但是人民仍然忍受著而無怨言，也無暴亂，設若統治者繼續的濫用職權，倒行逆施，陰謀詭詐，使人民看穿了他的計劃，知道自己所處地位的危險，以及將來結局的悲慘，那就無怪要群起走險，以維護其初立社會時的目的，因為他們的處境，將較之從前自然狀態或無政府狀態更為惡劣。」所以他又說：「人民拋棄舊日政府於不顧，並非如人們想像的容易。」這些話顯然是以光榮革命為例而言的，但忍至何種程度，才是革命的時機，這只有靠人民的直覺及當時的情勢而定，而一旦革命爆發，人民勢將拋頭顱灑熱血而不顧。

社會的解體與政府解體是為兩回事，社會解體乃是由外來的侵略而造成，國家為人所侵佔征服，征服者以暴力摧毀社會的一切習俗，破壞文化，人民不得自由交往，使人人自危，喪失了社會的依憑，一切社會組織及社會關係都被剷除與阻斷，個人只以自己的方法和力量謀一己的生存，這是整個社會解體，國家的淪亡，政府當然也隨之而崩潰。由此一論說，也便可以看出洛克將國家與政府有了區分。

第四節 洛克思想的討論

洛克的政治理論，事實上許多都不是由他所創見而立說，乃是承繼前人所見，而作一綜合的說明，但是由於他的理論，剛好配合了光榮革命的成功，乃相得益彰。光榮革命之真正光榮之處，乃在於所表現的政治智慧，及一種妥協精神，雖然廢除了君主專制，但並沒有廢除君主政體，國會逐漸掌握了無上的權力，而並非依靠獨裁政治。自此之後，王權繼續減削，直到後來國王僅變成了一種國家象徵，不再是政治的權威，所以此一革命是最溫和最成功的，具有劃時代的意義，奠定了重法治、重自由的立憲政府的基礎，開創了一個新時代，一種新制度。洛克的得享盛名，便是供給此一革命理論的依據，而且發生領導時代的作用，因為他的思想，不僅成為今日英國立國的基本精神，同時也影響到美法等國的革命。美國的「獨立宣言」，幾乎完全是以他的思想為藍本，在法國，他的重自由的政治主張，得到法國學者福爾泰 (Voltaire, 1694–1778) 的介紹鼓吹，也具有極大影響力，所以說他是民主政治的奠基者，不是平白無因的。

洛克的思想，固然極有影響，貢獻宏偉，但是如同光榮革命本身一樣，也表現出一種妥協意味，而妥協便難免不無矛盾。不過這也可能就是洛克配合光榮革命而最有貢獻的地方。例如說，在他的理論中，許多地方都充份表現出國家主權是在於人民的含意，但是他並未曾特別強調，以免增加人民的氣焰；另一方面，他固然要減削王權，但仍然將行政權留置在國王之手，甚而司法權也未從行政權中取出來，只不過置其地位在立法權之下，要向立法機關負責，這都是表現出不操之過激的妥協意味。事實上，妥協即是為此後民主政治中解決衝突的不二法門。然而就其理論本身而言，洛克是有許多有待商榷的地方，就以契約論來說，洛克的理論亦如霍布斯一樣，純屬虛構，國家的產生，固然每個人都有貢獻，但不會是在一天之中，或一個時期中由某一群人依照自己的意思所創造的。當然他們並不在意他們所說的是否為事實，只認為是合乎道理的，不過這與洛克自己所創一切重視事實的經驗主義，是大不相符的。何況自然社會的人，從無訂立契約的經驗，所謂同意及多數決的原則，生活在自然狀態，毫無政治社會經驗的人，更不可能有此認識及心理因素。在洛克的契約中，政府也是訂約的一方，但在自然社會中，向無統治機構，或任何公共權力團體，則此政府一方，由何而來？

對於以契約創立國家的學說，固然是破綻甚多，但無論霍布斯或洛克，他們都不過以契約為一理論據點，進而推演出他們各自的結論。他們的用意，是在於要說明國家存在的道理以及功用。國家並非自天而降，無緣無故的產生，而是經由人的理智所製造，是經由人意志的產物，其功用在維護安全，增進公益，這就是一種所謂國家工具觀。國家是因人民的需要而產生，是功利的、機械的，這種看法固然不能盡合乎歷史事實，但至少表明了國家的功用及性質。尤其是洛克，更要用其契約說，以說明政府權力是有限的，政府的基礎是在於人民的同意，而不是在於武力，其作用是在於保障人民的權利，將自然社會變為合乎理性的文明社會，因此使國家的存在、政府的構合，都有一個較為合理的意義，這在十七、十八世紀之時，給予人的印象是很深刻的，使人民生活在國家之中，服從政府的法令，便可以有了心安理得的解釋。人在自然社會中，是靠各自的理性所了解的自然法相處共存，所謂自然法就是理性法，也就是人類的道德律，國家政府建立之後，所制定的法律，也必須以自然法為基準，所以國家的法律，不過就是將合乎道德律的自然法，加以具體化而有強制力，因此人民在國家之中遵守法律，及履行許多政治義務，實在即是踐履一種道德義務，何況法律須經由人民的同意，政府亦有其應盡的義務，應負的職責，而人人既然是自由平等的，則無有天生的統治者和被統治者之分，政府如果不能主持公道，維護大眾的安全及利益，反而危害人民，人民便有革命的權利。

自洛克的契約理論看，顯然的他始終是站在人民一方的，所以他的契約，實在就是一份人民權利的保護狀。對於生命、自由及財產等自然權利，得到可信賴的保障，其中尤以財產權為最重要，而國家實即是保障人民生命自由財產的工具，使人民財產得到保障，也實即是國家存在的目的。洛克的這種理論，使每個人有支配其生命及財產的絕對權利，個人主義與資本主義均由此而生，而也因此遺有弊害。按道理講，人既有理性，則應當是為道德動物，如果終日斤斤於私利，道德便已墮落，由此種享有絕對權利而又自私的個人所組成的國家，恐怕是不能獲有真正的人權，而可能會發生病害的。所以洛克的理論，在尊重個人權利及破除君權專制方面頗為有方，但卻不足以建立一個新的公平的社會。同時現代民主政治的優點及恩惠，固然是由他所施予，但今日一般歐美國家民主政治的弊害，也可能是根源於他。

再者，他的理論保障人權固有餘，卻很難能夠建立一個有效能的政府。他希望建立的是一個文明政府，也就是一個權力有限的政府，一方面以分權的方法，避免政府的權力集中，更重要的是他以人民的自然權利——自由權、生命權及財產權的保留以限制政府權力。政府機關固然可以制定法律，但不得與自然法相違背，換言之，即不能侵犯人民的自然權利，也就是基本人權，因此使他為民主政治樹立了精神及原則。但所謂自然法，是理性之應然，這可以儘量引申，而且又是抽象的，更不可能有一個客觀的標準，如果人民堅持這種自然權利的神聖不可侵犯，便將使政府動輒得咎，陷於癱瘓。固然根據契約，人民放棄解釋權及執行權，而沒有放棄生命權、自由權及財產權，所以政府不得侵犯，此就邏輯言之，似乎合理，但實際上是不可能的，因為政府所有的解釋及執行，亦即是立法與行政，在在都與人民的生命、自由、財產等權利有關，例如關於所得稅的徵收問題，人民如果堅持財產是為天賦的自然權利，不可侵犯，政府豈非是毫無作用，欲動不得，則如何發揮其保障人民的職能呢？

我們對洛克思想的討論，如果這樣去挑剔他的不圓滿之處，實在也是不公允的，因為凡是知道政府專制之弊害的，便往往會忽略了個人自由放縱，及享有絕對權利的弊害。在光榮革命的時代，是只能見到政府專制的弊害，革命的結果，推翻了專制政治，洛克便是以強調個人權利的保障為武器的，因而為民主政治做了奠基的工作，他並沒有主張一人一票的選舉，以實現民主政治，他甚而也未曾主張廢除王權，但是要知道重視人民權利，乃是民主政治的先決條件。自政治史的發展看來，洛克重視人民權利的學說，領導了英國的政治思想及實際政治，自王政的外貌，逐漸的變為民主政治的實質，樹立了許多民主政治的典範，供給各國為參酌借鑑，自此而言，洛克的思想畢竟是瑕不掩瑜，仍然是偉大光輝的，事實上也很難得有人的思想，能夠天衣無縫、十全十美的。不過我們自霍布斯及洛克的思想介紹中，已可見出西方思想中個人主義及功利主義所以產生的背景及其內涵，同時也可以發現西方民主政治固有其優點，但也並非是毫無弊端的。

第十一章　孟德斯鳩

第一節　孟德斯鳩的時代背景及思想性質

在十七世紀，由於英國連續的發生了兩次革命，致使思想受到激盪，而成為當時歐洲政治思想的中心。到了十八世紀，政治思想的中心，可以說又移轉到了法國。法國大革命於一七八九年繼美國獨立革命而後發生，先後呼應，相互輝耀，而法國的革命，尤其是更具有世界性，其意義及影響都是極重大極深遠的。當大革命之前，法國在專制的波旁王朝之下，政治黑暗腐敗，經濟紊亂困窘，社會上階級重重，貴族及教士享有特權，收入最豐，卻不負納稅義務，平民收入既微，反而負擔最重，經年勞苦，不得溫飽，沒有自由的保障，安全的維護，甚而無生存的餘地。路易十四（Louis XIV，1643–1715）好大喜功，剛愎跋扈，是一個所謂專制獨裁的「大王」(Grand Monarch)，他曾自傲的說：「朕即國家」，認為「王意所在，即法意所在」。當時一般擁護君主專制的理論家，無非還是以君權神授的舊說為根據。自表面看來，路易十四一朝，文治武功的表現，似均可稱為盛世，但是連年戰爭，而戰爭的起因，多由於王族的私仇，與國家人民無關，然而人民卻因此受到重稅的負擔而呻吟，或殺伐於戰場而死傷，已大有民不聊生之慨，反抗的聲音，終被迫而發出。當時的許多學者們，都發表了激烈的辯言，他們認為「國王代表了一切，國家已不存在」。甚而說「法國一切的不幸，就在於王權的無限。」路易十五 (Louis XV ,1715–1774) 繼位之後，也是窮奢極慾，一味嬉戲遊樂，以致負債累累，國庫如洗。到了路易十六 (Louis XVI , 1774–1792) 時，這個優柔寡斷，才具平庸的悲劇人物，竟還執迷不悟的說：「只要我所願意的事情，都是合法的。」於是王朝的政治愈形窳敗，思想家們便也愈感到不能忍受，深切體悟到專制制度必須澈底更張，才能拯救法國於危殆，解人民於倒懸。

在法國而言，這真是一段陰暗悲慘的時期，令人憤慨而沮喪，然而十八世紀的人們，由於經過了前一世紀的理性洗禮，掙脫了宗教束縛，地理上的新發現，科學上的新知識，都與日俱增，胸襟擴展而開朗，乃使此一世紀充滿了自信與希望，因此即使在最陰暗的環境之中，仍然充滿了信心，有光明的希望。這正是歷史進展中的所謂開明運動時代 (The Enlightenment)，法國智識界確曾在打破舊成見，追求新知識方面具有領導作用。在政治思想方面，尤其當洛克的許多新理論，渡海而來，更發生了鼓舞激盪的作用，所以當法國大革命的風暴來臨之前，便產生了許多大思想家，最著名者如福爾泰、狄德羅 (Diderot, 1713–1784)、以及盧梭 (Rousseau, 1712–1778) 等人，他們不僅是革命的導師，並且也是民主政治的先鋒，而孟德斯鳩 (Baron de Montesquieu, 1689–1755) 實在是為他們的前驅。

十八世紀開明時代的精神，固然也重理性，但是和十七世紀是有所不同的。十七世紀的理性，是指不變的法則，也可以說是人類智識中最高最完全的部份，所以這種理性為永恆的，是人類探究追求的對象。十八世紀則認為理性是人類的一種能力，藉以發掘萬事萬物的奧秘，知識可得以日漸進步，生活也可以日漸改善。因此十七世紀的理性注重邏輯法則，完整的概念，從事於一貫體系的建立；十八世紀則重分析，整理與排列，以追求事實的真相，在空間與時間的綜合中求完整，因此在此一世紀，不僅是為自然科學的狂熱時代，而且也開始注意到歷史哲學的探討。孟德斯鳩便是一位以歷史方法研究政治的學者，使他獲得了許多獨到而新穎的見解，是一位歷史派的先驅，但是他並非是為歷史而研究歷史，他是從歷史中尋找出法律與政治的資料，以歷史上所得到的結論，作為解決當前政治問題的借鑑。他認為政治的根基，是深植於歷史的因素及各種客觀環境中，只從表面上去觀察一國政治制度，是得不到制度的真精神。因此孟德斯鳩和他同時代的一些思想家，如盧梭等人是有些不同的，他們大都感情激越而熾熱，以憤世嫉俗的口吻，攻擊一切，甚或高標理想，編織烏托邦式的美夢。孟氏則是一位不尚空想的唯實主義者，他曾於一七三四年，寫了《羅馬人盛衰的原因》(*The Greatness and Decline of the Romans*)一書，便是以歷史方法研究政治，這樣使他的理論，具有客觀的態度，科學的精神。他的著作，內容充實，系統完整，理論清晰，強而有力，注重實際的需要，不作唯理的遐想，但也因此在他這種冷靜客觀之中，便自然染上保守色彩，所以他不主張革命，只要求謹慎而溫和的改革。孟氏好讀書也喜好旅行，足跡遍及歐洲，到各國去實地的考察。當時英國在光榮革命之後，政治革新，令人刮目相視，所以他在英國居留甚久，用心的研究其政治制度，對於英國的立憲政體，極為傾慕，最後於一七四八年，發表他最享盛譽的一本書——《法意》(*The Spirit of Laws*)，此書撰寫，前後長達十四年。這本書就是他為當時法國尋找出路的指標，同時也就是他政治思想的結晶，政府三權分立的理論，便在其中，美國開國偉人之一，〈獨立宣言〉的起草人哲佛遜(Thomas Jefferson, 1743–1826)，稱譽此書，是一本千年必讀的佳著。我國清末民初的大學問家嚴復，是將西方政治理論介紹給我國智識界的第一人，他的第一本譯著便是這本《法意》，對當時思想潮流所產生的激盪力量，是可以想見的。

第二節　法律與自由

《法意》一書，是為孟德斯鳩政治思想的代表作品，所涉及的範圍很廣，但無非是如何廢除專制政治，使人民的自由，不僅要受到保障，而且還要擴大。這個問題自宗教革命之後，就被一般思想家所重視，但常常是空泛不切實際的，洛克的自然權利說，固然有很大影響，但卻也造成以後許多糾紛。孟德斯鳩對這個問題，則能不作幻想，他要切實的在制度上發揮自由保障的效用，在法律的含意中尋求自由的實質。

他首先認為保障人民自由的最重要基礎，在於法治、人治之下必受到侵害，統治者的野心與慾望，是有增無減的，沒有法治就沒有任何客觀標準，事之當行與否，只視其對統治者有無利害關係，被統治者的利害便很少在考慮之內。法治在表面看來，是武斷的，約束的，但法律是一客觀的統治，使每人有其應得的一份，行動也便有一可靠的準則。孟德斯鳩既然如此重視法治，便必須給法律有一明確的定義，否則惡法亦法，自由仍無保障，於是他擺脫了以往自然法派與實在法學派的論調，以一個政治學者的立場，為法律作一界說，他在《法意》開始的第一章中就說：「法者，乃事物之本性，所發生之必然關係。」此一解釋，在當時就曾經深受福爾泰、盧梭等人的譏評，說他是故弄玄虛。但在孟德斯鳩看來，宇宙間所存在的無非是人、事、物而已，雖然是千種萬類，但皆各有其自然之理，非屬偶然，各種人、事、物也本各有其本性，但相互之間若相遇而發生關係，則定有一必然的因果產生，此在物理界，物物間的相遇相會，所產生的必然關係，可稱之為定理、定律，用之於國家社會，便是法律，是人們行為的準則。

自由問題雖為十八世紀所熱烈討論，但一般人對自由並無有明確的認識，孟德斯鳩則能從法律的基礎上，去尋獲自由的真義。一個國家必待法治而建立，然後人民群居於國家之內而可仍享有自由，有權利去做他自己願做之事，無人可以相強迫，但此種自由必須是在法律之內的，自由並非無治之謂，他說：「自由就是有權利去作法律所允許的事情，假若有人有權利去做法律所禁止的事情，而其他的人也同樣有此相同的權利，則自由立即喪失。」由此可見，孟德斯鳩所重視的是實際的自由，是不同於當時一般人所追求的哲學上的絕對自由。他追求的是實際生活中各種具體的規範，雖是一點一滴，但卻都是具體可見的，不是抽象的，從每一條法律對自由的解釋看來，是自由的保障，也是自由的限制，但一一訂之於法，便可享有法治的真正自由，哲學上抽象的自由，是一種虛幻的概念，好高騖遠而不切實際，法國革命時，自由、平等、博愛的口號雖然美麗，卻常被曲解，自由反變為罪惡的別名，孟德斯鳩早有重視實際自由的觀念和理論，但卻未能為其當時的國人所注意，可說是一大遺憾。

第三節　法律與環境

孟德斯鳩他曾將人事社會中運用的法律，分為國際法、政治法 (Political Law)、民法 (Civil Law) 三種。國際法為國家與國家之間的法律，以維持國與國之間的交往而免衝突。政治法為治者與被治者間的法律。言及國際法，他認為：國際法者，其義乃本諸人類之理性，以促使國家間的交往，當和平之時，宜盡所能謀人類之幸福與繁榮，即不幸而至於戰爭，亦應盡所能使禍害減輕，不致過份慘烈，損失過重。故國際法之原則及內容當為各國所一致遵守者。至於政治法與民法，在每一國家之中，必與其國家的自然環境相配合，與歷史傳統、社會生活相適應，因此各國法律固然同一原則原理，但內容上卻因客觀環境不同而互異。故孟德斯鳩並未要建立一種永存的一統的法律，法律實必須隨客觀環境之變遷而因時因地有所更易。

孟德斯鳩對於法律與環境的關係，特別加以強調，尤其是氣候及土壤，最有影響力。他認為「一個國家氣候的寒暖，土壤的肥瘠，幅員之大小，地理之形勢，以及人民的職業是農耕、漁獵抑或游牧，均與法律有關。法律所允予人民自由之程度，係依一國之政治制度而訂。法律與宗教信仰亦有關係，另外人民趨向、國民財富、人口、貿易、風俗、習慣等，均與法律相關。而且政治法與民法之間的相互關係、法律之源由，及立法者之用意、立法時社會組織與秩序，皆與法律有關係，是必須皆應考慮周詳者」。其中所以尤以氣候土壤最為重要者，因為此二者可影響到國民性格、社會經濟、宗教文化及風俗習慣。此種客觀環境的適應性，實即為「法意」之所在。

第四節　政府分權與制衡

孟德斯鳩對法律的涵義，固然已經有了明確的解釋，對法律與自由的關係，也有很切實的分析，但事實上，縱有良好的法律，仍不見得就能保障人民的自由，因為執法的統治者，仍不能使人信任。他說：「任何人擁有權力，勢必會濫用權力，此種經驗是歷久不變的。」因為權力最容易使人腐化，權力愈大，野心與慾望也愈大，乃致濫用職權。而居高臨下，養尊處優的統治者，又有過度的優越感，只知道尊重自己而抹煞別人，對人民的生命、財產與自由，常常忽視，雖有客觀的法律，但統治者仍會曲解法律，在執法時，也會有所偏私，作不公的裁處，所以還必須要有良好的政治制度，保證不至於濫用職權，造成專制武斷與獨裁。那麼一國憲法，便必須規定政府權力的限制，對政府運用權力的種類，範圍，及使用方式，都要有明確嚴格的約束。再者最要注意的，擁有權力的政府，同時也擁有武力，國家武力如被一個人或一個機關所控制，便往往能用武力衝破憲法的藩籬，仍然可以為所欲為。因此要想使憲法有效，不致使任何權力機關濫權越權，就必須將權力機關劃分，而以權制權，制立一種制衡原則，使彼此之間一方面互相權力平衡，一方面又互相牽制，維持一種均勢。於是他將政府權力機關分為立法、行政、司法三種，使三者分立而制衡，互相監督，使任何一方不得存有野心，過份專權。他認為如果將立法權與行政權合併為一，人民自由必將喪失，因為掌握此權者未必賢明，將會立繁苛的法律，而又以威力執行。如果立法權與司法權不分，則處理爭訟以斷曲直的法官，也就是法律的議立者，如此將無有客觀的是非標準，完全以其私意定是非，辨黑白，人民生命財產便不可保。如果司法權與行政權相合，則執行法令者，也就是審判是非者，人民將被其鍛鍊羅織，也無自由可言。假使三權集於一身，或一個機關，則必為專制之治，人民就更苦不堪言了。所以必須採取三權分立而制衡的制度，憲法的尊嚴，才能保持，人民的自由，才能得到保障。

孟德斯鳩的三權分立學說，是曾受到洛克的影響，但是二人是有許多不同的，洛克是分為立法、行政、軍事外交三權，而立法機關駕乎其他二者之上，也沒有制衡的原則。孟德斯鳩的設計中，還包含有一種為各種不同階級利益相衝突，而以分權制衡，以達相妥協，減少衝突的用意。他主張行政權仍屬君主所有，立法權則屬於貴族，司法則由人民團體所選舉出的人所組成，使君主、貴族、平民各有一份權力，而互相牽制，由此可見其思想之富有保守色彩。同時他也發現到這種互相牽制的制度，可能會造成一種不便活動的僵局，但是他又認為，人為的事務終必會使各機關間，被迫的活動，仍然會有一致的表現。

第五節　對分權制衡說的討論

孟德斯鳩認為這種分權制衡的制度，在古代羅馬的共和時期，及當時的英國都已實現。顯然他很受到光榮革命後，英國在政治上所表現的一種新氣象，以及洛克及當時英國一般思想家學說鼓吹的影響，而接受了流行當時的觀念。事實上，當時的英國，司法權固然受到時勢及輿論的力量，漸漸自國王的行政權中分了出來，但是尚沒有獨立地位，國王仍然時常侵犯其職掌，司法機關並無有能力，發揮牽制的作用。立法權最初也是由王權中分出，光榮革命之後，國家預算固由議會決定，大體上已能獨立，但是英王還是具有左右政局的權力，如喬治三世（George III, 1760–1820）在位之時，雖然他才具平庸，然而仍能擁有超乎一切的勢力達數十年之久。另外在此時，內閣制與政黨政治，也已漸具雛形，立法與行政將要貌離而神合，併二為一了。實際上此一階段，所表現的仍是一種寡頭政治，議會中的議員，大半係私人授予，政黨也係由上層貴族所把持，一般人民尚無有政治權利，更無有政治自由，而一般的自由保障，也未達到理想。

雖然當日英國的政治制度，並未完全如孟氏觀察所得者，但在當時歐洲各國，神權政治仍然陰魂不散，君主專制還正盛行之時，也已足供各國羨慕和借鑑。孟氏的研究，仍然是具有深意的，至少他以英國為借鏡，創立制衡的政治原則，俾以糾正專制政治，所以他的著作仍然為當時人所樂於研讀，一般美國學者，稱譽他是一位政治的先知。不久之後，美國獨立，便採納了他的意見，使他的理論獲得具體實現的機會，而以後凡是仿效美國採行總統制的國家，便莫不是遵循分權制衡的原則，視為是憲法的要義，及組織政府的圭臬，其影響之大是不言而喻的。

美國總統制的聯邦政府組織，是很符合了孟德斯鳩設計的旨意，但前面說過，孟氏的設計，還包含有使君主、貴族及平民，各階級互相制衡減少衝突摩擦，得以妥協調和的用意，但美國是一個民主共和的國家，並無有階級的衝突，何以仍然要採取這種分權制衡制度？很顯然的美國憲法起草人，知道這是為了阻止政府的專制濫權，以保障人民自由，因為不論在何種政府之中，權力的衝突，總是很難避免的。但是這種制度實行的結果，卻也產生了弊端，那便是各機關之間，互相掣肘，尤其是行政與立法之間，各自為政，而又互相抵制，矛盾衝突便不可免，而使行政效率大減，無所作為，甚而會形成不能打開的僵局，影響到國家一切工作的進行。幸而美國以後政黨政治漸漸成熟，居中斡旋調和，減少了摩擦。但是制衡的理論，一旦與政黨的實際運用相遇，便將制衡的原則完全打破。如果立法與行政機關，為同一多數黨，制衡精神便無從發揮；如屬不同政黨，則行政機關的行動，又處處可能受到惡意的牽制，以致軟弱無力，難任艱鉅。

美國實施孟德斯鳩理論的結果，雖然有如此的缺失，但是他以分權制衡以防止專制，保障自由的設想，用心至善，貢獻仍然是很大的，尤其在十八、十九世紀，當時民權剛剛伸張，自由放任的思想正在瀰漫，在當時認為最少管理便是最好政府，政簡刑輕，正配合當時靜態的社會，孟德斯鳩的理論，也正好符合了這個時代的要求，所以他的學說能大受歡迎。不過到了二十世紀，時變境遷，隨著科學及工業的進步，社會愈形複雜，而變遷日速，需要政府管理的事務愈來愈多，此時所需要的卻是最大管理，才是最好政府，於是發現孟氏政府制衡的理論，已不能符合今日的情勢，便不能不有所更張。事實上，立法與行政，實在是一件工作的兩個步驟，並非截然不同的兩回事，如果沒有一個統一的整體，則雖然分工，卻不能收合作之效，分立與制衡，在理論上看來，似乎尚調和理順，但事實上，制衡之中，仍然含有互相依賴的關係，分立便造成孤立，分立之後便不能夠制衡，而有了制衡，便也不再是真正的分立，孟德斯鳩理論的缺口，似乎就在於此。

第十二章　盧梭

第一節　盧梭其人及其著作

洛克的政治學說，以人民權利的保護，為民主政治奠立了基礎。盧梭 (Jean Jacques Rousseau, 1712–1778) 的政治思想，則更進一步為民主政治樹立了若干原則，給予理論的充實，可以說是一位民主政治的嚮導和開路先鋒。所以盧梭在政治哲學的發展史中，地位的重要，是眾所周知的，他的思想所產生影響的鉅大與深遠，真是不易估計的。

拿破崙 (Napoleon, 1769–1821) 曾經說過：「沒有盧梭，便沒有法國革命。」這話雖然有些過甚其辭，但的確在法國大革命期中，他的《社約論》(*Social Contract*) 這本書，被視之為革命的寶典，奉之若聖經，可是事實上，他的思想卻是很複雜而難解的，一如他的生活與為人。羅素 (Bertrand Russell) 在他的《西方哲學史》(*A History of Western Philosophy*) 中，論說盧梭其人，說他是一個典型的浪漫主義者，是十九世紀浪漫主義之父。浪漫主義者重感情而輕理智，自十八世紀末葉以後，無論文學、藝術、或哲學、政治，莫不受其影響。浪漫主義者不能忍受一切傳統及禮俗的約束，崇拜小我，歌讚自然，乃至唾棄社會，放浪形骸，我行我素，視規矩文明、道德法律，是為枷鎖鐐銬，以致造成憤世嫉俗，怪僻孤立，作幽秘荒誕的玄想，或熱烈的追求刺激與興奮，不肯客觀的面對現實，而一任感情的發洩，以自我為中心，主觀專斷，人人想要縱其天人之資，做自己的上帝。這種結果，容易造成無政府的混亂，或為獨裁政治敷設道路。羅素認為盧梭在這一方面，是為開風氣之先的人。

羅素對盧梭的評論，固然是有其根據的，盧梭的思想，也的確有許多矛盾，可是卻不能掩蔽住他的光芒，自有其恢弘雄偉之處，而其著作包括了政治、哲學、教育、文學各方面，才華橫溢。但是他一生中，除在童年時期，受到短期的教育外，再未進入追求高深知識的學府，而其一生生活飄泊流離，不能使他有長期安定的環境及心情，去作為一個學者，冷靜的從事研究工作，所以可以說他是一個具有天才資質的人。他於一七一二年出生於瑞士的日內瓦，幼年喪母，家庭貧寒，身世坎坷。自十六歲起，即逃離家鄉，浪跡天涯，飽嚐憂患與辛酸，為謀生活，從事許多卑微的工作，也做過不少不高尚的事，這在他的自傳——《懺悔錄》(*Confessions*) 中，有坦白的寫述。他說他是生活在高尚與卑微之間，有一種人格的內在矛盾，既自卑又自大。由於他早年的生活，歷經顛沛流離之苦，遭受到許多的打擊與折磨，及社會的冷遇與白眼，再加上幼年時期缺乏母愛，及正常的教育環境，形成了他孤僻傲慢的個性，也使他具有反抗的精神，對週圍的一切要肆意的攻擊，到一七四九年，他的第一篇論文——〈論科學藝術與倫理風化的關係〉(Discourse on the Progress of the Sciences and Arts)，得到地龍 (Dijon) 學院徵文比賽的第一名，才嶄露頭角，著作陸續發表，聲名為世所重。但到了一七六二年，他的代表作——《社約論》及另一本表達其教育哲學的書——《愛彌兒》(*Emile*) 問世之後，為當道所不容，被列為禁書，他被迫逃離法國，日內瓦也不容留他，使他有鄉歸不得，晚景頗為淒慘，居無定所，曾流落在普魯士及英國，最後回到巴黎，貧病潦倒，而近乎神經質，終於在一七七八年去世。在他死後的十四年，時法國革命已成功，乃將他遷葬於國家公墓，後來又為他立銅像，將他生前常居住的一條街，命名為盧梭街。

盧梭的生平及為人如此，所以他的思想便和孟德斯鳩等人不同。和他同時代的思想家們，雖然也對現狀不滿，但是態度仍是溫和的、理智的，只要求在現狀中去改進。盧梭則筆鋒常帶感情，他的感情豐富，感覺敏銳，一任激情的迸發，要澈底的打倒一切而推陳出新，同時他所處時代，也已臨近法國大革命的前夕，是山雨欲來風滿樓的階段，人們已不能再忍受專制政治低氣壓下那種窒息的沈悶，而需要刺激與興奮。而當時無論在政治、經濟及社會各方面，都使人感到似乎到了山窮水盡，忍無可忍的境地，所以人們不能再保持冷靜的理性，不願再坐待緩進的改革，而王朝作為也令人不能相信，大家渴望暴風雨的到來，以滌盪胸中的塊壘。在這種情形之下，盧梭更是滿腔悲憤，於是他大聲疾呼的向統治者，向教會，向一切貴族特權階級，及一切社會傳統，法律制度挑戰，並且向苦難的人民，預言美麗的前程，他的呼籲配合了人們的心聲，符合了時代的要求，所以他的言論，猶如暗夜中的火炬，果真點燃了蘊藏在人們心中的革命火種。

盧梭的政治思想，可由其著作中看出，但是前後頗不一致。早期的著作，有第一第二兩篇論文，第二篇論文是〈論不平等的來源與基礎〉，此時他強烈的批評人為的一切，主張回到自然，是一種極端的個人主義，但到第三篇著作〈政治經濟論〉中，便有了轉變。到一七六二年，他的代表作《社約論》發表，思想有了顯著的新的發展，他要在不可避免的國家生活中，如何獲得合理的自由，此一時期另外還有《愛彌兒》及《山中通訊》。到了晚年所寫《科西嘉憲法擬議》及《波蘭政制意見書》，便又頗為保守唯實，並且表現了一種集團主義的色彩。

第二節　盧梭的早期思想

盧梭早期思想，可以其第一第二兩篇論文為代表。在十八世紀之時，中法之間文化交流，頗為頻繁，相互間也各有顯著的影響，盧梭第一篇論文，〈論科學藝術進步與倫理風化關係〉的內容，也或者可能受到了一些我國道家學說的影響。他在這篇文章裏，竭力反對人為的一切事物，認為知識就是罪惡，主張棄聖絕智，反樸歸真，回到自然，他相信科學藝術愈進步，倫理道德便愈墮落，因為所有的科學，是建立在貪慾的基礎上，而一切藝術則出於矯飾作偽。此皆表現出人類的惡德，所以愈是文明發達的國家，就是道德愈墮落的地方，他舉出許多古代國家，凡是到了文化發達，成績輝煌的時候，也就是喪鐘叩響之時日，希臘為馬其頓所征服，羅馬被野蠻的日耳曼人所取代，埃及、波斯、土耳其的歷史，他都加以引述證明。

相反的，文化落後的野蠻民族，常能保持有原始的美德，而維持其強大的力量。自然社會的人，雖然舉止粗野，但是率性天真，樸實淳厚，不虛偽，不矯飾，自然流露出天性本善的美德。而愈昌明進化，則人心愈陰險詭詐，虛偽的禮儀笑臉之後，隱藏著的是嫉恨猜疑，兇殘毒辣。而且使人更貪圖物質的享受奢侈，喪失勇氣，道德人心愈墮落下沈，因此他嚮往自然社會的美好，崇拜太古原始初民的美德，保有赤子之心，而厭惡人為，鄙視理智。但是他這篇論文的辯說，顯然是理論脆弱，充滿感情的武斷，科學藝術的進步，固然可刺激人的慾望，追求享受，甚或做出損人利己的事，但其間卻不盡是必然的，而科學與藝術的出發點，也並非都如他所說是出於貪心與作偽。

他在後來的《愛彌兒》中，也還保有這種崇尚自然的觀點，認為世界上每樣東西，自造物主手中初創之時，都是美好的，一經人手，就開始變壞。在此他一方面肯定萬物本善，一方面就反對人為的一切活動，在人類的社會結合中，只有表現父母子女間骨肉之情的家庭結合，是自然的，其他一切除家庭之外的社會結合，都會破壞個人的善良的天性。太古的自然人都是以自我為中心的，但是文明社會的人，卻只是全體的一部份，社會組織愈強固，便愈是剝奪了個人的自由與天性，使個人不再是一個獨立的個體，變成共同單位中的附屬物。這些理論，都表現了他強烈的個人主義。

盧梭的第二篇論文〈論不平等的來源與基礎〉(Discourse on the Origin and Basis of Inequality Among Men)所表達的思想較前一篇尤為重要，所發生影響也更大。他認為凡人的享受與其體力及智力不成比例，便是不平等。他承認人在體力與智能上，是有所不同的，不過人在原始的自然社會中，雖然也因為體力與智力的不同而享受有差異，但是相差無幾，並不會感到痛苦，也不致釀成災禍，可是到了有政治社會之後，人間不平等的現象，便極為懸殊，甚而是倒置的。因此他將不平等分為兩類，一類是自然的，是由於天賦體質的不同，以致體力智力有高低；另一種是政治的、人為的，這是因為有了國家，有了法律制度所造成的，以致孩童竟能命令長老，愚劣者可指揮賢良，年高德劭的大臣要匍匐於幼年無知的君主腳下，貧窮者雖是智高體強，卻要受富有者的支使奴役。

至於國家何由來？法律制度何以產生？他也像以往霍布斯與洛克一樣，從原始的自然社會講起，但是他的看法是有所不同的。他認為在自然狀態的初民，其生活情狀，並非係霍布斯所說，是人慾橫流，自私自利，人自為戰，互相殘殺的恐怖。在他看來有了社會組合，才有比較，有競爭，而有了國家便有了敵對才會有戰爭。他也不同意洛克所說自然狀態的人是理性的，而自然社會是一個和平、善意、互助共存的社會。盧梭是以人是感情的動物的觀點去看，他也認為人是自私的，但是在原始自然狀態中人的自私是消極的，並不想征服他人，損人利己，侵佔掠奪，只是自憐自愛，對他人漠不關心而已。所以人並非是為社會性動物，只憑其個人自私自愛的直覺及感情而生活，故其所為，當然是於己無害。同時人也有同情憐憫的心，所以也不致為害他人，這種同情憐憫的心，乃是人類一種基本而自然的美德，由此可見盧梭是認為人性本善的。人既是如此的利己而不損人，自供自足，所以彼此無所衝突與紛爭的相處於自然社會之中，過著一種獨來獨往、隨遇而安無拘無束的快樂生活，此種天真淳樸，美滿幸福的生活，他推斷有數百年之久，這是人類的黃金時代，也是個人絕對自由的時代。之後人的能力發展，人口增加，家庭成立，生活也漸有進步，而進入了漁獵時期，再隨著地理環境及氣候土壤等物質因素的適應配合及利用，以致有私有財產的產生。這一切都是不知不覺中偶然發生的。但一旦有了家庭和私產之後，人自私自愛之心擴大，而對他人的同情憐憫之心卻為之減少，對於他人也有了嫉妒憎恨的心理，但仍不失為一個和樂的時期，也還延續了數百年之久，可謂是一過渡時期，但經過了此一階段，自然社會便要結束，而進入有組織的政治社會。

私產的產生，在他看來真是人類生活演變的大關鍵。盧梭認為那第一個將土地圈圍以屬於自己的聰明人，實在可以說就是政治社會的創始者，如果當時能有人揭破他獨佔的騙局，便不致會有國家的產生，也便不會有隨國家以俱來的戰爭殘殺，罪惡痛苦的生活。但別人也隨他學樣，自此之後，強弱異勢，貧富懸殊，不平等的現象便愈來愈見其影響的深刻，人類的貪婪兇殘愈見暴露，人類的災禍痛苦也愈見劇烈。強者富者為維護其私產，乃進而建國家以保障，造法律以承認，國家與法律實在是富者強者愚弄弱者的圈套，由此便可知道，是法律造成不平等的現象並加以保護。所以當法律制定之後，私產得到承認，人們之間乃有了富貧之分，再進而建立政府，設置官吏以執行法律，於是更有了強弱之別，最後合法權與政權相結合，促成暴君專制的權力，更產生了主奴的關係。到此，人為的不平等已達於極點，受壓迫的貧者、弱者以及為奴者，已不堪忍受，革命便將不可避免。

盧梭在這篇論文裏，更激烈的反對現存的一切，表現極端的個人主義，他借用自然社會的美好，以反映現實的罪惡，他雖然批評霍布斯，也不贊同洛克，但是他的理論卻是深受他們的影響，對自然社會的描寫，也完全出於個人主觀，他所說的黃金時代，完全是玄妙如詩的幻想，不過其所發生的影響，是鉅大的。可是法律是否果如其所說，是造成不平等的原因，是保障少數富人的權益與享受？事實上一國的法律，固然是在保護私產，但同時也在限制私產，這到了二十世紀尤易發見，如所得稅遺產稅的徵收便是，不過由於科學昌明，工業發達，人們財富漸漸有了較大的差距，但這並非是法律及政府的原因，而乃是文明的進步，科學與工業發達，人類可以利用外力及工具愈多，遠古時代的靠勞力工作，終日勞動，所得也有限，或以物物交換以滿足需要，但因所獲不多，享受也低，人人皆如此，便無有不平等的感覺，但是現代人依靠智力並且利用機械及貨幣等工具，可利用的工具愈多，則財富愈容易集中，享受便容易有差別，所以愈到現代，法律愈是在設想如何限制私有財產。由此可見盧梭的看法是似是而非，並不正確的，但是他的話卻極富煽動性，生活在貧苦不幸之中的人聽來「予我心有戚戚焉」。極易接受而為所激動，他使人在發思古之幽情後，愈增加對現狀的不滿情緒，乃有了革命的要求，如果說盧梭的著作，有影響到法國革命的爆發，這一篇文章必然較其《社約論》尤具有更大的效力，同時對以後的無政府主義及社會主義，也都有很大的影響。

第三節　盧梭的《社約論》

《社約論》是盧梭政治思想的代表作，雖然他的筆鋒常帶感情，寫來洋洋灑灑，不免表現出感情的專斷與主觀，但是這本著作，顯然曾經作理智的分析，而構思甚久，頗費心力，字裏行間，很可以發現到他苦慮經營的情況，因為他想要解決的，是古往今來所有政治思想家遭遇到的最難解決的問題，那就是自由與服從，也就是個人與國家權力間如何調和的問題。他在《社約論》的一開始便說道：「人生而自由，但又處處在枷鎖之中，好多人自以為是別人的主人，其實卻是更大的奴隸。怎麼會變得如此？我不知道，至於如何使之合理，我想我可以回答。」他在第一第二兩篇論文之中，曾極力歌讚自然社會的美好，但是現在他知道，那已經是失而不可復得的樂園，而發現吾人必須生活在國家之中，這是不可避免的事實。那麼國家究竟是如何產生？有無理性的解釋？有國家必有政府，而又必須具有強制的權力，人民何以要必須服從，其中有無道理可講，政府所依憑的是法律，如何使法律合理，而使得人民樂於服從而又不失去自由。這就是他在《社約論》中所要討論的中心問題，也可以說是政治中根本的難題。

盧梭也是以契約說，以解釋國家的成立，但是他的契約內容，是和霍布斯、洛克都有所不同的。生活在自然社會之中，固然是自由的，但是也有各種危害人們生存的障礙，以一己之力以維持生存，實在不易，必須聯合組織成為一個社會團體。至於如何成立一個有組織的社會，又可以保證不致損害個人的權益與自由呢？他想要透過一種結合的方式，以社會全體的力量，保護每個人的生命財產，而且藉此社會的聯合，使每一份子與全體相結合，使個人服從全體，亦即是服從自己，如此則仍可保留個人自由及尊嚴。於是他所主張的契約內容是這樣：「要每個人放棄其一切權利，讓於社會全體，由於每個人都是如此，大家的條件相同，故無人為一己之利害而有損他人。」每個人必須將所有權利絕對放棄，毫無保留。如果有人還要保留有某些權利，便不能維持與公眾的關係，他人也必將起而仿傚，如此則有失平等的基本精神，而結合也變為不可能或完全無效。每個人將所有權利放棄，自表面看來，似乎損失很大，但是並非是交給任何其他的人，乃是交給全體，而全體之中，仍然也有我在，人人如此，人人乃是平等的，而且從此個人便可以得到全體較一己大上千萬倍的力量來保護，所以實際上是無所損失，反而獲得更多。此種結合，乃可以產生一個道德性的團體，造成一個大我，有同一的生命及意志，這便是國家。

盧梭在《社約論》中創造了一個美幻的政治意念——「全意志」(General Will)，這是最為重要的環節，他用契約所建造的國家精神，完全在此，人們放棄一切權利而又毫無損失，使自由與服從能夠調和，亦在於此。所謂全意志乃是出於每個人為全體利益所表達意見的總結合，人人服從這個全意志的最高指揮，就是服從全體的最高意志，但全體之中有我，所以也就是服從自己最健全的意志。人人經由全意志的匯集，使離立的個人，凝結成一個整體，如此也才能成為一個國家，而且使此一國家有了生機，有了靈魂與人格，然後這個國家才能有所行動，表達其意志，造福於人人。

但是全意志究竟如何才能產生，圓滿的出現？此為盧梭思想關鍵所在，可是他的論說是很艱難不易，而令人困惑的，也因而造成以後許多的困擾與爭執。他說：「全意志是永遠公正的，為公共利益的。」只為自己謀利益所產生的意念，即是「私意志」(Particular Will)，有時人們彼此私意志偶然相同而集合，會產生一種貌似全意志，而實際上卻是私意志結合而成的「總意志」(Will of All)，便會有毫釐千里之差，由此可以知道真正的全意志在於質，不在量。但是當國家行為必有賴全意志以決定，就必須要使真正的全意志產生出來，為此盧梭乃提出了三個不可或缺的條件：

㈠必須全民參加

盧梭所主張的是直接民權，全民直接參政，他反對代議制度。因為全意志所決定的事，是屬於公共全體的事，關係到每個人的權益，所以必須每個人親自參加，不可假手代表。不過最後的決定，還是要採取多數決的原則。

㈡討論全國性的問題

為了避免有私意志的產生，不可討論個別的、局部的、或地方性的問題，而是有關全體的全國性的問題，使參予者必須站在全體利益立場。因此他反對政黨，他認為政黨只是一部份人所組成的團體，不可能產生全意志。

㈢出於公益

所有參予全意志決定的人，都必須以公益為念，以表現良善的公德精神，否則全意志會變質為總意志。全意志就是在這種條件下產生，而使國家行動有所目標，得以繼續發展，它表示出社會全體與人民各份子間的協和，當然會受到公共力量的支持，所以它的決定也當然是公平合法，切實有用及穩固的，而其間並無有在上者與在下者的對立關係，人民服從它，即無異服從自己，這樣便可以一面服從，一面仍享有自由，這是人生活在文明國家的狀態，與野蠻的自然狀態是大不相同的。這樣的全意志，自然必定擁有約束全體國民的權力。他說：「為欲求社約之不徒具空文，則必須暗含有如此之條款：任何人如不服從全意志者，當由全體迫其遵守，是即強迫使其自由 (forced to be free)，有此條款，則其餘皆能生效。」他認為如此才能使政治機構靈活運用，公平合法，否則將流為荒謬恣肆的暴亂。

盧梭解說這種全意志理論的同時，也揭露了他國民主權的理論。所謂主權實在就是全意志的別名，他說：「主權不過是全意志的運用。」而此主權乃係存在於國民全體，因為全意志是全民為公益所作的最高意志的表示，以支配國家行動，因此這種主權，也必然的有其特性，那就是主權所具有的權力是至高絕對的。國家猶如一個有生命的人，國家的生命乃是來自各份子的結合，必須使它有普遍的強制力，以推動及指揮各部份，而求有利全體。人有絕對的權力可以指使他的肢體，國家也應該有絕對的權力指揮其份子。同時由於全意志是永遠公正的，是為公益的，也當然是絕對至高的，並且它也是永不錯誤的。另外主權還具有完整性，是不可分割，不可轉讓的，這是表示主權永遠在於人民全體，正如人之己身不得轉賣，而且主權是藉全意志的決定而有所表現，全意志又必賴全民參加的意志表示而後定，人的意志是決不可讓予的。主權與治權不同，治權是從屬於主權的權，可以因工作性質不同而劃分，主權則必須是完整不能割裂的，否則國家陷於分裂敵對狀態。

在盧梭看來，全意志不僅是主權的別名，同時全意志的記錄也就是法律，當主權體的全意志有所具體表現時，便就是法律的制定。由此可知人民全體便是立法者，也因此法律必然是公正的，因為人民決不會虐待自己，這樣便可以使人民一面服從法律而同時又能自由。他認為凡是具有這種法治的國家，不論其制度如何，都可以稱為共和國，其政體也都是合法的共和政體，而其法律的目的，都是在實現自由與平等，這也就是人民所以組織國家的原因。盧梭雖然在這裏明白的表示立法權屬於人民，也只能屬於人民，但他同時卻又表現了猶豫，甚或矛盾。他固然要將全意志、主權、及立法權交付人民手中，但一談到實際立法時，卻又對人民的能力發生了懷疑，如何使人民在立法時，能表達出正確的全意志而不致有錯誤的判斷，於是他竟然主張有立法家領導的必要，立法家必須具超然的地位，他們眼光遠大，關切人民幸福，他們是一國之中的非常人物，但不可掌握治權，以免其假公濟私，當然他們也只是做立法的起草工作，最後的決定還在於人民。

立法權固屬於人民，但行政權則屬於政府，人民全意志的紀錄即是法律，但要將意志的力量表達出來，還需要政府機關的執行。但政府絕不是國家的主權體，而是「介於人民與主權體之間的中介，使二者互相溝通，負責實施法律及維護人民自由的責任」。政府並非由社會契約而成，而是根據人民所制定的法律所組成，政府官員是一種委託，是一種僱傭，亦即是為公僕。人民有權利將政府的權力加以限制、修改或收回，能合乎這種要求的政府，才能享有合法的行政權。盧梭在講到人民的立法權時，一方面將立法權交給人民，但一方面卻又不信任，而主張有立法家的領導。在談到政府的行政權時，他也有一種悲觀的看法，他認為不論在何種政體之下的政府，都可能有濫權腐化的現象，這是自有政治社會以來不可避免的情況，有如人之不可避免病患衰老一樣。最常見的病患，是政府侵奪主權，或是政府官員將權力分割，而致使國家解體，人民遇到這種政府，當然可以革命。但為加強國家生命的活力，避免政府腐化而危害到國家，他主張人民須有定期的集會，以檢討政府的得失，決定是否要繼續維持現狀，或是變更政府的體制及執政的官員，他認為這是一種最好的防腐劑與強心劑。

第四節　對盧梭思想的討論

盧梭的政治思想，猶如一個萬花筒，一個百寶箱，多色多變，應有盡有，任何立場的人都可以從他的理論中獲得所需要的。他雖是偏於感情及理想，但他也有遷就現實的表現，許多觀點，使他表現出是一個強烈的個人主義者，但他也曾被人認為是集團主義者，他為人所推崇，但也被人所指責，但無論如何講，在在都足以看到他所發生的影響是廣大深遠的。

以契約解說國家的起源，要以霍布斯、洛克及盧梭三人最為重要，而盧梭則為一集大成者。但是他們所說都不能合乎歷史事實，也缺乏心理因素及法理的依據。當然他們都不是去證明立國的歷史事實，而只是在建立立國的理論基礎，及解決他們各自的政治問題。盧梭不贊成神命說、武力說及家族演進或自然結合等國家起源說，他的用意是要以理智解釋國家的產生，使國家成為人民有意識的結合體，成為理性的產物，並且讓人民立於主動地位，以指揮政治而不受制於政治，解說服從與強制均係出諸於己而非由於人，是由於內心不在於外力，以說明個人在國家可享有自由的道理。如此則國家及政府的權力都是得自人民，政府權力是有限的，人民權力卻是無窮的，加強了人民主權的理論力量，因此政府必得謀人民福利，一方面使政府的存在有一倫理的根據，一方面使人民的革命權利有充份的理由。此不僅為盧梭契約說的動機與目的，也為其他契約論者或多或少的所具有。其理論內容固不免缺漏，但其動機與目的是值得稱讚的，而對於各國革命運動，制定憲法時原則的決定，必然的具有影響力。

盧梭的《社約論》，不僅是要以契約建立國家，而且是要建立一個理想的國家。所以他的《社約論》，也就是他的理想國、他的烏托邦。但是他的理論的中心——全意志，卻是一個抽象的虛構，一個不可捉摸的理念，而全意志乃是他解決自由與服從的樞紐，是整個問題最重要關鍵。但是全意志的實現，卻必須具備許多條件，如必須全民參加，要討論全國性問題，及出於公益。他所嚮往的是古希臘城邦國家的直接民權，所以他的理想國，必須是小國寡民，而且又要氣候及經濟等條件適中，又要沒有複雜的事務，還要國民道德很高，大家熱心公益，所以他自己也感歎的說：「假如有一個民族，其組成份子都是神，則可以有民主政體，如此完善的政體，實在不適於人類。」因此他一方面主張全民政治，一方面卻又對人民的能力表示懷疑，而要將全意志委之於立法專家，這不僅是使全民主權大打折扣，並且和他的全部思想極不協調。又由於全意志是公正無誤的，必須對抱持反對意見者強制其服從，而後使他獲得自由的幸福，這就是他所說的「強迫的自由」，但這種強迫的自由，是否還是自由，實在大有疑問。他甚而在最後一章中，更主張將宗教納入國家，可誘導國民於良善，容易產生共同的意識，不信仰者則驅逐出境，甚或可判死刑，這種主張幾乎完全是一種集團主義，而使他的理想國也變成了極權國家或神權國家了。

以上所論，是可以看出盧梭思想的矛盾，個人主義與集團主義同時出現，當時專制的君主們不能容納他，而後世的自由主義者卻又抨擊他。事實上盧梭政治思想的動機及目的，畢竟都還在個人，他是熱愛自由的，他說：「人生而自由。」又說：「否認一個人的自由，即是否認其為一個人。」但是他不得不以集團的方法以達到個人的自由，這或者不是他的矛盾，而是民主政治本身的困難，他以理想的全意志為國家的主權，全意志是人人意志的結晶，也是人人意志中最健全最合理性的部份，故服從全意志，即是服從自己健全的意志，這種服從乃成為一種道德義務，而如此也可以使國家的權威與公道相結合，這不能不說是他的貢獻。他在說明了有自私的個人主義便不會有合理的國家，要有合理健全的國家，便必須放棄自私的個人主義，這是極為明顯而易見的。他一切設計的用心，即在於使人人服從國家就是服從自己，而與天性不違背，政治的進步，是要使服從合理化，俾使人人可自動的去盡政治義務，此一原理自有其深刻的影響，所以盧梭不失為是一位民主政治的導師，及開路先鋒。

盧梭尊重自由平等的精神與原則，就法國而言，終於有若干部份為一七八九年的「人權及民權宣言」及以後的憲法所採取。全意志的理論固然含混，但主權在民的觀念，經此理論乃愈深入人心，法律須經人民的同意，政府係供人民服務，官吏乃是人民公僕，這些都已成為民主政治確定不移的原則。

第十三章　康德與斐希特

第一節　德國唯心主義的產生及其特徵

在十七、十八世紀，歐洲曾盛行的理性主義及個人主義，都具有巨大的力量，一直影響到當代的政治思想，而十八、十九世紀產生於德國的唯心主義（Idealism），也對當時及後世，有巨大的影響力。

十八世紀的德意志，當時是在專制及貧困的纏繞之中，因宗教衝突而發生的三十年戰爭（一六一八－一六四八），更造成了極嚴重的損失，人口減少一半，工商業破產，無論城市或鄉村，都是十室九空，有類廢墟，政治上四分五裂，大小邦國多達三百餘個，而互相仇視敵對，阻礙一切的進步與發展，多數王侯仍然是只知縱情享樂，鄙劣狂暴，不學無術，缺乏才能，更缺乏道德，在各國之中，只有普魯士較大較強，斐特烈一世（Frederick William, 1713–1740）及斐特烈二世（Frederick II，1740–1786），尚知奮發有為，但畢竟是採取專制之政。社會上，貴族階級享有特權，廣大的農民失去自由，收入微薄，生活之痛苦，有出人意表者，一個幫傭的農婦，終年工作的工資，僅可購買一雙鞋子，其悲慘情狀為歐洲各國所未有。

在如此落後愚昧及專制暴政之下，實在是較之法國，更應該革命，但結果德國並未曾爆發革命，爭取自由平等的火炬乃在巴黎燃起，考其原因何在，實在是由於德意志較法國更專制，更落後，一般人民愚昧到還未曾有革命的自覺，但是在法國革命之後，路易十六被送上斷頭臺，使得王侯們大為恐慌，深恐革命的浪潮衝向他們，便更加嚴密的壓制，大多數貴族對於革命也深為痛恨，間或有少數同情者，亦僅止於人道主義，而廣大的農民，分散而無組織，他們沒有組織的能力，也沒有發表意見的能力與工具，除了一些零星的暴動外，沒有可稱為革命的行動。中產階級亦勢單力薄，既無有革命理想，亦缺少革命領袖，只不過在街頭巷尾作不平之鳴，除此之外不再有任何行動，群眾是無能為力的，更何況是在分裂割據的狀態之下。

但是法國革命的爆發，畢竟對德意志發生了很大的刺激作用，使德意志在思想上有了新的生機，康德 (Immanuel Kant, 1724–1804) 聞法國革命成功曾喜極而泣，黑格爾 (Hegel, 1770–1831)，謝林 (Schelling, 1775–1854)，時尚年少，共同手植自由之樹，以慶法國革命的勝利。一般智識份子都很興奮活躍，而議論風發，一時之間，突然蓬勃奮發，人才輩出，極一時之盛，成為德國學術思想的黃金時代。哲學方面如康德，斐希特 (Fichte, 1762–1814)，黑格爾，謝林，洪巴德 (Humboldt, 1767–1835) 等。在文學及音樂藝術方面如哥德 (Goethe, 1749–1831)、席勒 (Schiller, 1750–1805)、貝多芬 (Beethoven, 1770–1827) 等皆是。不過此時一般人的思想，仍不出於自然法派的範圍，對於當時統治者的權位並無懷疑，惟認為其職責應在於增進人民的幸福，所以他們一面要求改革，一面又不願舊秩序的破壞，尤其當法國革命後的恐怖政治所造成的暴戾與血腥，使人感到失望與警惕，而英國保守主義者柏克 (Edmund Burke, 1729–1797) 的《法國革命之評論》(*Reflections on the Revolution in France*) 一書，適於此時傳來，其所持之保守主義哲學，尤發人深省。柏克認為歷史是一切的基礎，法國革命純出於哲學的虛構，破壞了歷史的根基，違背了歐洲共同的文化傳統，所以不能得到正常的發展。此一論點，極具影響力，德國唯心主義者的歷史觀可以說即是受到其感染而生。

德國的唯心主義是在如此的環境下所產生，法國革命既不能如法炮製，現實政治環境及歷史傳統又不能破壞，康德、斐希特、黑格爾等人，皆出身學院為哲學教授，無有一點實際經驗，更未具有革命家的激情及條件，他們是立身嚴謹的書生，崇尚道德精神，反對功利的倫理觀點，從抽象的論辯中，去得到理論的體系，尋獲倫理的及政治的原則，乃進而認為心比物重要，便逐漸趨向惟有心之存在的觀念。他們的討論常常是玄虛空疏，艱深奧秘的，不易為人所接受了解，他們並非不看重事實而耽於空想，相反的他們的論據多由史實中取來，但是他們認為歷史是有理性有目的的，歷史乃是理性得以完全發展的過程，所有一切事實都在證明理性是在進步發展之中，這是一種「歷史使命學說」(Historicism)。

第二節　康德的歷史哲學

康德一生從事學術研究，任教哲學，生活平靜單純，終生未曾遠離過他的出生地——普魯士的哥尼斯堡(Konigsberg)，而在其一生之中，德國也還尚能在安定中求改進，拿破崙的鐵騎，尚未蹂躪德境，因此他的思想也較他的後輩要溫和及有冷靜的理智，他並未曾特別推崇德意志，卻懷有世界主義的理想。他是一位大器晚成的人，直到一七八一年，他五十七歲的時候，才發表他第一部的哲學名著《純粹理性批判》(*The Critique of Pure Reason*)。在政治思想方面，他的主要著作有《世界公民的普遍歷史觀》(*Idee Zu Einer All-*

gemeinen Geschichte in Welthürgerlicher Absicht)、《永久和平》(*Zum Ewigen Frieden*) 及《法理學》(*Metaphsische Anfangsgrunds der Rechtslehre*) 等。

前面曾說過，唯心主義者也注重歷史，也以歷史觀點去看國家，可是他們抱有歷史使命的觀念，康德即首創於先，但是他是以全人類的歷史關係為研究中心，不單以德國為主，較之以後的黑格爾等人要公平理智。康德認為人類乃是一個大整體，人類的生活一直在改善中，理性必能克服一切，此亦即表示人類的歷史是有目的，有意義的。自表面片斷的歷史視之，歷史上所發生的事實，常常充滿了令人失望沮喪的陰影，邪惡奸詐的人多，卻又得勢，竊據了歷史的舞臺，混亂黑暗的年代亦多過昇平安樂，如此看來，歷史的表現似乎是盲目無意義的，只不過是人類私慾自利的種種活動而已。然而若是就長時間言之，自從穴居野處，茹毛飲血的遠古以至於今日，人類的生活是改善進步的，歷史確乎有一個偉大目的，有其一定的前進路線，但目的為何？人類能否達到此一目的？

在康德看來，任何物其本身皆具有所謂「自然能量」(Natural Capacity)，這是一個超經驗的真理，一粒桃核初視之與他物無關，也無任何神奇，但如果將之埋植地下，則將發芽茁長為一棵桃樹，結果纍纍。他說：「任何物之自然能量，早經造化預定，終必有完全的依其本來目的發展完成的一日。」至於人類，當然也有自然能量以發展其潛能，只是人與物不同，人有理性，理性亦屬自然能量，但是理性如求其能充份發揮，則必須在群體中表現。人的生理發展，可以就個人去觀察，但理性的發展，須要在群體的發展中去發現，因為理性的運用不是僅靠人的本能，還有賴群體的經驗與薰陶，何況人生命有限，不可能使理性完全的成長，而人類群體的生命則是無窮的，先後輝照，世代傳遞，使理性漸次發展至最高最後的境域。由此去看人類歷史的行程，便會發現是有意義的。

由以上所述，可見人類歷史的發展，也就是人類理性的發展，其發展往往是在一種相反相成的形式下進行。人類理性的發展並非如生理發展之呈直線狀態，而是曲線的，其所發展乃是人們在社會上互相衝突的結果。康德認為人先天即具有社會性與反社會性兩種相反的傾向，既個人化亦復社會化，既重個人利益，但又必須在社會中去追求。個體與環境的戰鬥正是發展生命潛力的自然方法，奮鬥競爭乃是進步的必要條件，如果人類是和睦相處無所衝突，則亦將無所進步。為求生存而自私利己，追求財富權力，此正是足以促使自然能量的發達，這雖是反社會性的，不過社會性也正是在此種反社會性中產生，正是相反適足以相成的道理，歷史也正是在此種情形下緩慢的行進。人類是有惰性的，有惡才能刺激到善的發揮，無亂臣賊子的奸邪，便不見忠臣烈士的正義，好人的奮鬥，一時或不易見到效果，但多少激發出善的光輝，推進歷史的行腳。歷史對某朝某代，某國某人無所偏愛，只是在宣佈人類的理想，並加以推進，其中之惡可為儆戒，善可為啟導，相反相成的向前移轉。前代點點滴滴累積的成就供給後代，後代亦將其繼續經營努力的成就傳遞於更後的一代。人類歷史即是如此不息的進步，而達到理性發展的最後目的，止於至善，由此亦可知歷史的進步，絕非一人一時之力，而是全人類的努力與進步。

相反相成不僅可作為歷史發展的解釋，而人類社會性與反社會性的衝突，亦即為國家產生的原因。促使國家成為文明社會，不僅是人類必須解決的問題，而且也是人類由天賦能力所必然產生的結果，歷史中所隱藏著的計劃，就是要使國家成為人類得以發展其能力的惟一合理環境。沒有反社會性的行為，人類將安於漁牧悠遊，相親相愛而無發展其潛能的機會，但如果沒有社會性的行為，則一切社會組織均不能產生，這種社會性與反社會性行為的交接之處，就是國家。

歷史固然是在相反相成中進展，但如何加速歷史的進步，尚待人類自己努力，記取歷史的教訓，避惡趨善，啟發理性，以期歷史使命的早日完成，而不致忍受無盡的痛苦煎熬。人類歷史活動中避免不了有各種衝突，雖然衝突可促使進步，但歷史的目的是無衝突，而由衝突至無衝突，首先便需要國家建立政治秩序。人雖有排他的反社會性，要為生存而爭鬥，但這種爭鬥應有其範圍，要受到合理的限制，就是要使人人有合法權利，使自由與衝突均納入於軌道之中，至於如何使國家建立此一秩序，這是最亟待解決而又最難解決的問題，但並非是不可能的。康德並不絕望，這是由於他對人類歷史的基本觀點是樂觀的，是向前瞻望的。

第三節　康德的《永久和平》

康德更進而有建立國際秩序的永久和平計劃，國際間常常發生戰爭，戰爭是一種反社會性的行為，固然也有其相反相成的作用，但是戰爭摧殘文化、破壞理性，甚而有毀滅人類的危險，所以自理性的進步言，戰爭應該避免，使國際間建立秩序與和平，而促進世界大同，使全人類的自然能量可以充份發揮。於是他撰寫了《永久和平》一書，雖不免有理想過高之處，但其出發點是基於道德，而其中頗多具體的設計，茲簡述於後。

(一)先決條件

可歸納為下列幾項：

1.不得保留軍事秘密：為維持國際永久和平，凡納入國際組織之國家，不得再為未來戰爭之資料，作秘密之保留。此項原則是很簡單，但是如何得知一國有無保留軍事秘密，亦頗有實際之困難。

2.不得兼併他國領土：「任何獨立國家不論其大小，概不得由另一國家用承襲、交換、購買、或贈予之方式取有合併。」國家乃係人群結合之社會，非如土地或其他財產，將國家領土以交換購贈等方式轉移，則抹煞該領土上國民之人格。

3.不得增加軍備：國家間由於恐懼戰爭，作軍備之競賽，此適足增加戰爭爆發的危機。為雇兵而收藏金銀，或向外國舉債以擴充軍備，均為導致戰爭之源，故常備兵應在一相當期間內予以廢除。

4.不得干涉他國之憲法及政府：他國之內政，不許藉口任何理由干涉過問。

5.不得有敵對之行為：此即使在交戰的國家，亦不可以相互採取極端的手段，如暗殺、間諜、煽動叛亂等行為，以免影響將來兩國間之媾和。

(二)主要條件

1.各國應普遍採取共和政體：所謂共和者，即必須是法治的國家，皆有其共和憲法，因為這種國家能遵守自由平等的原則，立法與行政分立，不致演變為專制獨裁，統治者個人的野心及一時的喜怒，便不致造成殺人盈野的戰爭。不過康德所言之共和並非即為民主，而是泛指一切非專制而有法治的國家。民主政體在他看來，並非即為最良好的政體，但專制政體卻必須摒棄，由於它常常將人民當作工具，破壞道德價值，使整個國家缺少理性的節制。

2. 以一切自由國家為主成立聯盟的組織：國際聯盟的組織並非是產生一個超越國家的世界性政治威權，故無需有一共同的主宰，不致影響各國的尊嚴，乃為一種和平的聯合，制定共同的規章，防止戰爭的損害，及預防戰爭的發生，使戰爭終成為歷史的陳跡。

3. 各國人民應普遍的善遇：世界各國人民相互之間，不可仇視敵對，此係作為世界上一個人民的應有權利。

(三)促成條件

國際貿易為促成國際間和平的條件，商人們固渴望在和平中經營獲利，同時亦可促進互相了解，增加感情。但是以後許多國際貿易的發展，結果常常是適得其反，國際間有所謂商戰，十九世紀強大國家為貿易擴展演為殖民地的爭奪，反促成戰爭的發生。

康德由於有他的歷史哲學為基礎，故對於他的永久和平計劃，抱有很大的信心，絕非純是書生之見，他相信人類的理性終必有一天領導世界走向此一正確方向。事實上，其對以後國際和平機構的建立，確有其貢獻，第一次世界大戰後的國際聯盟即深受其影響。時至今日，他的計劃亦確有部份實現。

第四節　斐希特的「告德意志國民書」

斐希特出身貧寒，少經憂患，因得到一位貴族的資助，始完成大學教育。由於時勢演變的刺激及影響，他的思想前後便有著劇烈的變化，他早年的思想頗為激烈，爭取思想自由，完全是一個極端的個人主義者。

之後又轉變而為國家社會主義者，他在一八〇〇年所寫的《閉關貿易國家》(*Der Geschlossne Handelstaat*)，主張國家統制經濟，自供自足，國際間可以互不往來，因此對外貿易最好可以減少至無，可藉以減少國際爭端，有助於世界和平，這和康德的和平計劃剛好是相反的。到了晚年，普法戰起，拿破崙君臨德意志，便激起了他的愛國熱忱，一八〇七年，在法軍的監視之下，他冒生命危險，在柏林大學發表演講，就是「告德意志國民書」(**Reden an die Deutsche Nation**)，表現了他強烈的民族主義色彩。他痛心的指出，德國之所以敗亡，是由於整個德國國民的自私，是乃自招之辱，自取之禍，尤其是一般統治者之勇於私鬥而怯於公戰，懼外媚敵，最為無恥，以致影響到所有國民的墮落。他指出，現在擺在德國人民面前的是兩條路，其一便是自甘為奴，喪失國籍及語言，民族消滅至萬劫不復，另外一條便是忍辱負重，徹底醒悟，一致奮發，以爭取新世代的生長，為德意志人取得無上的名聲。

他要使德意志雪恥復國，從失敗中振興，以堅定樂觀及積極的態度，貢獻出他的方法，他認為最主要的是德意志的統一，完成一個民族國家。在愛人類之前，先要愛民族愛國家，大同主義必須由國家開始而後擴展於世界。德意志是一個完整的民族，有共同的語言及性格，乃屬自然，而德意志卻是一個邦聯而非聯邦，此無異分裂為若干國家。斐希特不僅主張一個民族一個國家，並且認為民族高於國家，打破小邦國重視小我的地域觀念。國家不過是謀生存滿足的一個工具，一個條件，而永久神聖的事業，乃存於族國，民族之愛應處於絕對最高權威，民族不可因分裂而滅亡，國家卻應為民族而犧牲。

他為了喚起民族的自信與自尊，乃極力辯言德意志民族的優秀，聲稱德意志語言是為最能保持傳統的活語文，其優秀的民族性格，表現於其精神文化，及實事求是，言行合一，創造進取，勤奮真誠的各方面。

他例舉前輩的偉大人物，並且從政治、哲學、文學的成績表現上，證明德意志之優越性。斐希特之所言未免過於主觀，惟當時德人以說法語為榮，為糾正民族自卑心理，也實有其不得已者。

為保持優秀的民族性格，他主張推行新的民族教育，此新教育的本質，在於道德精神，造成完整人格，根絕自私自利的企圖，並且必須要使悟性明朗，意志純潔，為一真正生氣勃勃的人類，重精神而輕物質，重全體而不重部份，為久遠的將來，不為短暫的目前。

斐希特後來在一八一三年所發表的《國家論》(*Die Staatsleher*)，更呼籲德人團結，以國家民族為重，他甚而認為政治生活為倫理生活之先決條件，強制是為自由之所必需。不過他始終未認為國家有其自己的目的，而以人民的目的為目的，視國家為工具為條件，這是與在他之後的黑格爾所不同的。他固然偏於國族主義，但是他之認為德意志民族所以優秀可愛，因為是一哲學的民族，對文化有所貢獻，此一說法固屬主觀而強辯，但是他總以為文化最高的國家即是最能擴大自由的國家，他這種重視文化與自由的原則，是始終維持不變的。

第十四章　黑格爾

第一節　黑格爾的國家理論

德國的唯心主義，自康德創其始後，人才輩出，而其中黑格爾（Geory Wilhelm Friedrich Hegel, 1770–1831）則可說是一位登峰造極的集大成者。但是他的理論通常都是很深奧艱澀的，用辭冷僻，含義不清，使人不易明瞭而生誤會，不過他的理論，卻有一個目標，就是國家的至高無上，而最後是日耳曼的至高無上，是一種極端的民族主義。

黑格爾的理論，有其基本的觀點及論辯的方式，其基本觀點是認為無論任何事物，必須自全體看，唯有全體是真實的、絕對的、合邏輯的，是完備的理性，部份總是矛盾和不合理、不真實的，因為部份不能獨立，必須在全體中才能發現其真實及存在的價值。至於他論辯的方式，就是他所慣用的辯證法，一種所謂正反合的邏輯歷程。他認為無論任何一種思想觀念，一種事物狀況，有正則必有反，正反相合便會形成一種更高更複雜的統一，便進步到更為真實完備的新境界，也即是新的正產生，但是新正之中仍舊有反，仍會被否定，而後正反相合，如此逐漸發展下去，直到獲得最圓滿完備的絕對觀念。這是我們研究黑格爾的思想，先要知道的。他的主要著作有《權利哲學大綱》(*Grundlinien der Philosophie des Rechts*)、《德意志憲法》(*Die Verfassung Deutschlands*)、《倫理體系》(*System der Sittlichkeit*)、《歷史哲學演講》(*Vorlesungen uber die Philosophie der Geschichte*)等。

黑格爾認為人有自由的意志力，同時也有理性，但意志必須與理性兩者相合，只有意志力而無理性，則成為一種野蠻的行為力量，但如僅有理性而無意志，則理性僅只是空中樓閣，紙上畫餅，必二者相合才能產生出「精神」(Geist)，此無論在個人或是國家，以至整個人類歷史，都有賴此精神的推動。就個人而言，意志的自由，固然是為個人人格發展的基本條件，以求與理性相合，而可以有完善的行為表現，但其間必須經由三個步驟才能實現，即法律，道德與倫理風化。其中法律具有客觀性，但較為硬化，道德則偏於個人主觀，太個人化，以致常會忽略了個人在社會中的關係，惟有倫理風化則可以表達出社會的正義觀念，普遍的道德習慣，故惟有賴倫理風化形成一個大眾所遵行的行為途徑。他說：「倫理風化者，是主觀的善與客觀絕對的善的合一。」個人的權利及道德，都不能單獨存在，必須以倫理風化為柱石為基礎。至於這種倫理風化是表現於何處？這可以由三種人群結合中發見，即家庭、社會、與國家，而其中國家則是人群結合中的最高組織，不再是部份，而是全體，有其固定的本身目的，是絕對及完備的理性，是主體與客體的調和，是為人類生活所必要的精神元素，具有永久的價值。

黑格爾之將國家置於最高地位，是具有多種理由的。倫理風化固為調和主體與客體的基礎，但必須寄託於一個實體，國家便是此絕對最高的道德實體。再者意志自由固然是為人類行事作為的出發點，但自由不應當是消極的，而是積極的，因為由個人至國家之間，有各種社會組合，而皆各有其意志，皆要求自由，故會生出許多衝突，至於如何在衝突之間尋覓一條可行之路，也就是如何使意志與理性相調和，此必在主性能自覺其亦為客性時，始能獲得，也就是說人不但知有我，並且要知道我為社會國家中一份子，及我在社會國家中所處地位。自由及一切權利的意義，不只是主觀一己的要求，而必須與客觀條件與環境相配合，才是真自由，才是合理權利。由此可知黑格爾理論中的國家，與個人主義所言者是絕不一樣的。

在黑格爾看來，個人實在是社會所造成的，個人居於社會之內，受社會環境的薰陶，使個人成為社會的鑄造品，此在個人一誕生時就已開始，承受其父母及家族的特質，而其父母及其家庭，又受到社會的影響，有其一定的方式，個人生活於其間，自然受到浸染，造成相似的氣質，待其長大，又從社會方面，獲得語言、教育，使他的宗教觀念，政治立場，道德意識，在同一的環境氣氛中形成，自有其共同的生活習慣及特徵。至於國家，是為各個個人及各種社會的總和，不過國家雖是各部份的總和，是全體，可是全體卻不僅止於部份的總和，實在是多於總和。因為國家是一個有機的全體，國家固然是由部份組成的全體，但由於國家為倫理風化之精神實現，是一個道德的有機體，作為部份的個人，必須要生活於國家全體之內，然後其生命始有價值及意義，猶如人身的肢體及各部門器官，必依賴全體而存在，離開全體便將一無所用。同時個人既生活於國家之中，個人意識中已滲入國家意識，自覺為國家一部份而不可分，如此則國家是為我之大我，我乃國家之小我，小我應求與大我配合，彼此溶化為一體，把國家福利視為自己福利，把國家目標作為自己目標，愈能與國家融合一致，愈能表現出道德的高超，此是為個人行為的唯一指針，是最大的幸福之路，人人能有此自覺，國家便自然為一有機體，自有其意義與人格，而且有其永久之生命。黑格爾所言國家性質的神聖，由此可見。他將國家視之為世上最神聖的制度，甚而視之為「塵世的上帝」。

國家的地位既如此神聖崇高，個人與國家的關係，是部份之於全體，小我之於大我，故國家的權利必高於個人的權利。因為國家為全體，其道德境界高出於有私人利害的個人，是乃為絕對的理性、純潔而優越，而且國家權利實即包涵了一切個人權利在內，較之個人當然是豐富而公允的。因此遇有個人權利與國家權利相衝突時，當然要犧牲小我以成全國家，實際上是我為國家盡忠效力，也正是為自己謀幸福。在此種情形下，於是個人的自由，幸福的生活，道德的至善，也必在國家中才能尋獲，因為國家可以為個人排除種種障礙以達目標，由此而言，服從國家，即無異是實現最高的道德。

第二節　黑格爾的憲法論及歷史觀

黑格爾理論中國家的威權固然是絕對的，但並不是專斷的，國家的絕對性是表示在理性精神上的超越，而國家的運行有賴政府，政府的行動則必有憲法。憲法在於規定國家的組織及有機體生活的程序，並且規定國家與其他社會團體之關係。惟黑格爾對於憲法有其獨特的解釋，他認為憲法不是任何特定的人所制訂，而是經由長時間所形成的事實，是在社會中自然生長出來的，乃民族文化的結晶，所有文化的各種因素形成一個整體。在此一整體中，風俗習慣、道德、法律、政治、經濟、及宗教、哲學、藝術互為影響，表現出民族精神。憲法就是在此種情形下自生自在而永存，絕非任一掌權者所可獨斷，也非經由形式上的多數同意，而是出於整個的民族精神、整個民族歷史對文明貢獻的產物。至於何種憲法為最好，當然是不應該有所定論的，各國皆有其不同的特性，而且文化又是隨時在進步及改變之中。

憲法既是各具特性，則政治制度亦因各國文化背景不同而互異，不必模仿抄襲，或是崇法古昔。惟政體的演進，大約在最早是為一人專制的政體，繼之是為貴族政體或民主政體，至於到近代，則是為君主立憲政體。所謂君主立憲政體，據黑格爾看來，是將國家權力分為三種，即君主權，及因分工而劃分的立法權、行政權。君主權亦即是主權，掌握最後的決意，立法與行政必須要在君主權之中才能合一，而不致使國家分裂，此為使憲法的理想得以實現的要素。

一個國家在其本國之內，是以憲法表現國家意志及行為，即使是主權者，也並不能任意專斷。但是在國際關係方面，由於黑格爾認為國家是為絕對的理性，最後的目的，是人群組織中最高最後的結合，所以每一國家都可以獨立自主，故對外而言，是不受任何法律的約束，國家之上，無有法庭。他反對任何有損國家主權的國際組織，如此國際間便有如霍布斯所言，是相互為戰的無政府的自然狀態。在黑格爾看來戰爭是國家應有的權利，甚而是一種永久而光榮的倫理的權利，因為獨立自主是一個民族最基本的權利，最高尚的榮譽，為保有民族精神，國家主權，當然可以不惜一戰，戰爭並非是壞事，反而是合乎道德的，有其積極性的價值，戰爭會使人感悟到財貨之無用，精神之可貴。一個國家昇平日久，則人民但知自私自利，珍惜生命與財產，使人腐化，影響到民族精神的健康，正需要戰爭發生一種淨化人性的作用。他說：「此猶如風吹波動，正是以使海洋之水不因靜止而變為污濁，故民族惟有遇到戰爭，才能避免因長久和平而發生的腐化。」

黑格爾不僅視戰爭是國家之權利，而且是歷史延展中的必然現象。他的歷史哲學的觀點，也是以辯證法的論證為依據的，因此歷史中所發生的一切事實，無論正與反，都是推動歷史巨輪的助力。歷史發展的目標是走向絕對的理性，完善的境域，在進行的途程中，一切戰爭以及邪惡的事實，亦並非是消極的，而正是生長的法則，是必須的奮鬥。一個人的品性要在艱苦中去磨練，接受各種強迫的痛苦，以至於成就，苦痛的磨難中正象徵著生命的奮發，愚蠢的滿足並不適合於人。所以人類歷史，也並不是一座歡樂的舞臺，歌舞昇平的時期，常常是歷史的空白，偉大的史頁，是寫在解決現實矛盾的過程中，這正是進化的原則。他又認為在這種爭戰不已的歷史過程中，最需要的是自由，歷史本就是自由的發展，而真實的自由惟有在國家中才能獲得，因此人類歷史是以國家民族為單位，每一國家民族在歷史的節節行進中，都有其使命，當其使命完成時，會發生絢爛的光輝，但到了使命完成之後，便要衰微萎敗，此一國家民族的衰替，正是另一國家民族的興盛，歷史中沒有永遠常存的民族，也沒有永久強盛的國家。

他更進一步的看到世界史是由東而西，亞洲是歷史的起點，歐洲乃是歷史的終點。他說：「世界史乃是一部約束自然意志，以求得自由的歷史，東方亞洲世界只知道一人自由，希臘羅馬世界則僅知少數人自由。唯獨日耳曼世界知道所有人皆自由。」他認為歷史以東方為主的時候，東方所採取的是君主專制政體，所以只有一人自由，希臘羅馬所採取的民主及貴族政體，也只是少數人自由，惟有到今日日耳曼人的世界，由於採取君主立憲政體可以給予人人自由，於是世界歷史發展至今日，似已達終極目標。黑格爾的理論，於此有圖窮而匕見之概，其民族的偏見，已暴露無遺。

第三節　對黑格爾國家論的討論

黑格爾的理論，對於國家地位崇高的辯解，可說是已極盡其能事，以後德國無論在人生哲學或政治哲學方面，多強調英雄及權力的崇拜，甚或為極權專制而辯護，乃造成反動的民族主義，而至於最後有法西斯主義的產生。另一方面，他的辯證法又被馬克思竄改而為唯物史觀，成為共產主義的理論工具，就此兩種思想的淵源言，黑格爾是深具影響力的。

以黑格爾的思想看來，固然氣象萬千，波瀾壯闊，而且在拯救危難的國家，振起民族精神上，也可能夠發生應時的績效。但就其理論而言，無論是其基本觀點與辯證法，及其理論內容，視國家為神，是為人群組織中最高最後的結合，以及其歷史哲學中認為日耳曼的君主立憲政體，可使人人自由，而且是為歷史發展的極點，這一切都有極多的自相矛盾，不能自圓其說，甚而是強自辯白到不可理解，而走入極端，其中尤其是含有極深的民族偏見，及不當的優越感。考其所以如此，當然是受到當時德國環境的影響，這在上一章中曾有所分析。黑格爾在其早期的著作《德意志憲法》中，一開始就痛心的說：「德意志已不復是一個國家。」其口吻及心情，類似以往義大利的愛國之士，因此他雖是一個唯心主義者，卻在許多方面也表現了唯實的色彩，無怪乎他要稱讚講求霸術的馬基維里，歌頌戰爭，推崇國家，更強調德意志的優越及領導世界歷史的地位，德國在兩次大戰中，都充任第一主角，似非偶然。

當時四分五裂，及淪落於法國之手的德國環境，固然會刺激到黑格爾，而德國的歷史傳統，政治背景，也很影響到他的思想。德國人雖然也了解個人權利的涵義，但德國的政治尚不足以使德國人對此有充份的自覺。權利學說在英法常用來作為反對君主的護符，或為受壓迫的宗教所採取以對抗政治統治者，但是在德國，自馬丁路德創立新教之後，其宗教一直能與國家相配合，而德國也未曾發生過大規模的革命，所以為爭取個人自由權利而對抗國家之事，當時德國人民對此尚未感到極大的重要，而英法則以此作為自由放任的哲學根據。德國與英法，另一點的政治背景不同，是德國乃基於聯邦主義而產生的一個國家，以加於各地方政權之上，其政府是對國王負責，不是對國會負責，而其經濟的發展，並非由於放任主義，乃是在強大的政治力指導之下進行，所以自英國人來看，黑格爾使國家成為塵世的神，純係一種感情主義，但對當時的德國人而言，卻可能是一種真正的強有力的政治啟示。

在黑格爾看來，國家是人類的最後結合，但人類的歷史是進化的，國家是人類許多組織中的一種，是根據歷史的演進而來，再經過若干時期，國家本身也許會演變為另一種形式。進化所遵循的道路，不是細胞或個體的增大，而是組織單位的逐漸凝合，組成包涵更廣，內容更富的整體。過去的人類由家庭、部落而至結合為國家，未來的人類便也可能使國家與國家結合，成為一個更大的組織，進化的方向亦必如此，而且已經逐漸的向此目標走去。但黑格爾卻反對任何國際性的聯盟，事實的發展，證明他是錯誤的。

黑格爾認為國家為最後最高的組織，他在國家以內的許多問題討論裏，從未遺忘理性與道德，但一到了國家與國家的關係，便回到自然狀態的野蠻，只有互相敵視搏鬥，所以他看重武力與戰爭，視戰爭為神聖權利。但是國家並不就是人類社會的總和，我人之國家只是世界許多國家中的一個，必須與他人之國家，立於平等立場，而且也不可避免的要與其他國家發生關係，但應該是正當的關係，國際間爾欺我詐的現象固然有，然而進步的事實亦顯示出國際間的合作互助，尤其在今日聯合國的憲章及許多國際性的組織下，在文教衛生、郵電交通、及防止犯罪、維護人道的各方面，都有一致的標準，共守的道德，國際間的往來只有愈加繁密，而加深合作的程度。黑格爾卻只管將國家隔離作單獨的研究，當然是不能合乎真情實理的。即使在古代，由於交通阻隔，國際間關係沒有現在密切，但也絕非毫無關係與往來。從古至今，未嘗有遺世孤立的國家。

黑格爾為維護國家主權完整獨立，主張戰爭，並進而讚頌戰爭的積極性與道德價值，實不能與康德的胸襟懷抱相較。在國家之內，戰爭是被禁止的，雖亦間有發生，究非正常現象，暴動或革命的流血，只有在國家失去力量時才會發生，如國家能維持法紀，社會自有其可靠的安定秩序，則可見國際戰爭，亦並非必然的不可避免。至於認為戰爭是為道德的崇高表現，更不能自圓其說，國家與國際社會同樣是因為人群交往而產生，因此國家之內與國家之外不應有不同的標準，在國內既應禁止者，在國際間亦無有任其猖獗的理由。

第四節　對黑格爾全體與部份理論的討論

黑格爾以部份依附於全體的理論，為其思想的主要基礎，使國家成為一個倫理的整體，是理性的絕對表現，是道德的實在精神，因此國家權力至高無上，一切社會團體是為部份，必在國家之內。但是這實在是低估了社會團體的地位，現在一些經濟的或文化的社會團體，常常是超越了國界，負有宏大的任務，廣佈世界，深入各階層。或建立共同的經濟制度，衝破狹義的國家範疇，或樹立高於國家法律的道德標準，其事功甚或遠超過國家以上。在黑格爾的理論下，守法就是道德，但法律是低度的道德，故遵守法律，不一定就是完美的人，一些文化的倫理的社團之所以能普遍的存在，廣泛的發展，是有其道理的，何以必能肯定國家為最後的社會團體，最後的倫理整體？

至於個人，自黑格爾視之，尤為必依附於全體的部份，個人必得配合國家全體，因為部份要在全體中才能真實，才能有倫理價值。具體而言，就是只有道德的國家，沒有道德的個人，個人要完全把自己融於國家之中。但果真如此，則個人將變得非常悲哀與痛苦，而國家也必定變得非常極權與可怕。黑格爾固亦倡言自由，但卻是一種奇特的自由。在他看來自由乃意志之本質，意志則應與理性調和，而絕對理性存在於國家全體中，故真自由便是服從國家法律。所以他所言之自由，絕非思想言論或出版結社等民主社會的自由，自由主義的口號向為他所鄙夷，只有絕對服從國家才是真自由。由此視之，則當你在法律的尊嚴下而被捕繫獄之時，亦正是自由之時，極權國家集中營的勞役者，亦正在享受其自由。

黑格爾是把國家本身，視為最後的目的，部份既須配合全體，則個人在國家之中，僅如工具，是方法手段，國民乃因國家而存在，不是國家因國民而存在。但國家之所以有價值，顯而易見的是由於國家能保護其國民，增進國民幸福。安定秩序，敷設道路，推行教育，及繁榮經濟，無不是配合人民需要，可見國家實在為國民而存在，其本身並非目標。黑格爾為堅持其意見，又把國家視為有機體，甚而有如完整的人身生命，有理性，有意志，有人格。我們固不能否認國家與個人關係之密切，但視國家如同人體卻並非恰當。在人體中，其各部份器官本身是不具有目的，亦沒有權利，僅在謀求身體健康，而沒有獨立的作用。

然組成國家的個人，卻各有其自己的目的及權利，許多事務，必待自己獨立完成，個人無目的，即無生命的意義，亦無有倫理的價值。再者構合人體的器官，必在整體中獲有生命，脫離整體，便失去生命，但組成國家的個人，卻有他自己的生命，即或遠離國家，其生命仍可繼續存在。在人體中一部份器官受創，會使整體感受痛楚，但在國家中，個體受創時，只有其本身忍受。而在人體中，各器官部份之間，並無利害衝突，但在國家中卻必須有政府，有議會，以調節組成國家各份子的關係。

即使是認為國家如人體，有生命，有意志，有人格，以及有內在的價值，然而這一切仍然是潛存在國民個人之中，有賴國民的作為而表現。但黑格爾要把國家視為太上人，而以君主表達國家意志，他贊成盧梭全意志與總意志的分別，顯然他的君主就是具有全意志的，雖是立憲的君主政體，但君主是立於立法與行政之上的，至少他在法律上是享有至高的權力，於是這種國家，不論在對內暴虐或對外侵略上，都可以振振有詞。黑格爾一方面由於德國時代環境的影響，一方面由於追慕希臘城邦的國家觀念，致強調國家崇高與道德價值，然而其理論的結果，恐怕是不見道德的實現，卻只見國家的強權。

第十五章　個人主義的興起

第一節　個人主義興起的背景

個人主義 (Individualism) 的思想，本來是自古有之，不過以西洋而言，是到了十九世紀最為盛行，並且就政治思想的觀點而言，其思想內容已有了新的變化，是不僅注意到政治問題，同時更注意到經濟問題，也注意到了社會問題。這種情形在英國所表現得最為顯著與重要，成為十九世紀政治思想的中心，並且導致了功利主義 (Utilitarianism) 的產生。所以致此者，當然有其時代的背景，最顯而易見的是工業革命的發生，使得經濟上有了重大的變化，同時影響到政治、社會及道德等各方面的新觀念的產生。本來自十七世紀起，歐洲一般民族國家完成了其國內的統一，為了鞏固統治者的政權，必須保有一支強有力的軍隊，及一個龐大的行政組織，因此需要有雄厚的財力，此時商業已漸發達，城市勢力漸形增長，貨幣經濟已經開始，一般人的觀念是認為貨幣金銀乃財富的表現，貨幣愈多則愈富有，金銀乃成為大家追求的目標，同時地理上的新發現漸多，世界交通頓形發展，更刺激到冒險求利，謀求海外發展的動機，帶回海外獲得的原料，加工製造為貨物再去推銷，以贏得厚利，於是重商主義乃成為各國執政當局所普遍採取的政策。

許多新興而強大的民族國家，既採取重商主義，一心一意的求富求強，於是極力發展對外貿易，吸取他國金銀，務使輸出超過輸入。為達到此一目的，必須運用國家權力以推動，對於工商業及國際貿易，實行干涉管制，一方面扶植國內產業的發展，一方面謀求佔有海外貿易的優勢而爭取霸權，政府本身直接參予工商業的經營，並且鼓勵人民也從事工商業，然後可課以稅收。為配合發展的需要，制定航海律令，改革關稅制度，保護本國產業，壓制他國貿易，擴充殖民地，使之成為本國獨佔市場，並以嚴厲法令，監督商民生產及貿易活動，關於商品的製造，價格的規定，市場的交易，進出口之取締或獎勵，都作嚴格的限制。英國於一六五一年所頒佈的「航海條例」(Navigation Act)，法國科爾伯特 (Jean Colbert, 1619–1683) 執政時期的法令，皆足以證明，一般注意經濟的學者亦著文鼓吹。英國在這一方面最為積極，也最有成就，她擊敗了荷蘭，佔有海外貿易的優越地位，國內產業亦因此大為發達，所以到了十八世紀之後，為加強產業之發展以應市場的需求，使人們注意到工作效能，如何增加生產的問題，在生產工具及生產方法上力求改進，於是有種種新發明出現，漸漸的利用新發明的機器代替手工生產。到了十九世紀，工廠制度更取代了大部份的家庭工業，不但英國如此，其他幾個歐洲強國之產業制度，也大都有類此之轉變，以致促成工業革命的發生。

但是由於國家過份積極的干涉生產與貿易，終於引起人民的反感，殖民地的人民尤為痛恨，因為他們只有被剝削壓榨，美國之獨立由此而起，西班牙及葡萄牙在美洲的許多殖民地，也紛紛反抗而求獨立，至此，重商主義的缺點漸形暴露。在國內方面，由於只注重到工商業，完全忽視農業生產，農業乃大受損害，因此也被迫而反抗，即使在工業方面，雖然受到國家保護而有所發展，但是到了發展至相當程度時，政府的干涉保護，反足以阻礙進步，所以亦表示懷疑與不滿。加以科學日愈昌明，英、美、法等國革命的成功，自由平等的觀念逐漸傳佈，思想學術復日愈進步，人們充滿了信心與希望，因此政府的無限干涉政策，更處處使人感到所受壓力太大，不如聽由個人自由行動為有益，物極必反，於是個人主義、自由主義的思想頓形活躍。

第二節　重農學派

重農學派 (Physiocrats) 產生於十八世紀末期的法國，是對於重商主義的反抗，其代表人物如蓋納 (Quesnay, 1694–1774)、杜爾古 (Turgot, 1727–1781)、內謨爾 (Nemours, 1739–1817) 等人，多為權貴人物，如杜爾古曾任路易十六朝之首相。他們經常聚會討論，創辦刊物宣傳其理論，不僅影響其本國政策，也影響到歐洲其他國家，而對於經濟學的創立，也頗有貢獻。

重農學派有一重要觀點，就是「自然秩序」的哲學。所謂自然秩序，在重農學派看來，乃是一種天定的自然法則，是上帝制定以使宇宙和諧，人類得享受幸福滿足的普遍、永久，及周密的秩序。此即是說自然界自有一種力量，可以促使各種活動趨於諧和規律，故天體的運行並不是由於外力的影響，而是基於內在的力量，生命的存在也非由於外在的力量，而是由於身體之內存在一種機能。既然如此，則經濟秩序中，又何嘗不是具有一種內在的自然力量，以促其自然發展而和諧，何必需要人為的政治權威主持其事？重農學派的此一觀點，使得許多學者進而憬悟到運用自然科學的方法，從事經濟社會各種活動的研究，而使經濟學有了創始的契機。

重農學派既對重商主義抗議，乃強調農業的重要，以表示自然秩序的優越性，認為農業才是財富的唯一根源。所謂生產乃是由無生有，由少生多，故只有利用土壤生產的農業，及漁業礦業，才是純生產，僅僅加工製造，改變物質形狀的工業，不得謂之生產，不能創造財富。所以只有農人才是真正的生產階級，從事工商業者均不是生產階級，社會中除此兩種人外，還有一種半生產的地主階級，社會的經濟活動，即由此三種階級的人進行，其間有自然的和諧。因為整個經濟社會有如一個有機體，可以自動調節而循環不已。此一理論乃推翻了重商主義之局部動態的分析，而代以全面靜態的分析，以符合自然規律的理論，維持住一種安定的秩序，並且揭去了重商主義所加於物品上之金銀貨幣的外衣，顯示出物品本身的經濟價值，使金銀的儲藏變為無意義的事。一國財貨並不在於貨幣數量的增多，而在於國民生活上所必須之財貨之增多，因為人類生活並不依賴飢不能食，寒不能衣的金銀，而是依靠農業的產品。所以要謀人民生活幸福、國家富強，則應發展農業將資本用於土地，他們要求取消法國米谷貿易的種種租稅，及一切苛刻的束縛，主張實行土地單一稅，以統一簡化稅制。

「自由放任」這一說詞，也是為重農學派的信條格言，其所以為個人主義者在此。任何社會皆有一定的法則主使一切活動，有自然的和諧，經濟社會亦當然如此，有其內在的法則秩序及生機，自不需要任何外力的干涉。所以國家應當無為放任，而不可干涉管制，他們受到洛克的影響，重視個人權利，尤重視私有財產，個人對自己的財產，在不侵及他人權利，不妨害社會秩序之下，應有自由處分權。人是自利的，個人對自身利益，必定比別人更為了解，個人能依照自然法則行事，較之國家干涉要好，國家能採取自由放任政策，社會自然的進步，在經濟上更應當讓個人自由競爭。經濟的目的，在於以最小的勞力與費用，獲得最大效果，此只有在個人自由競爭之下才能達到，並且自由交換財貨，使物價得以平衡，各人均能得到很大的利益，如果國家橫加干涉及束縛，反使經濟枯竭。

因此國家的職務應當縮小，僅在於保護個人生命、自由、財產的權利，以及維持秩序，舉辦公共建築，普及教育。國家實為個人權利所存在，對於財產權利最應當重視，因為財產安全是為經濟秩序的真正基礎。國家立法不宜過多，立法機關的主要工作，只在於撤銷一些不適用的法律，人類實在並不能創造法律，只能發現法律，自然法已經周密完善，人為的法律只不過是將自然法加以抄襲引用，愈多反愈贅餘而無益。不過重農學派雖是主張限制國家職務，但對於政府統治權卻主張要強大，使其在狹小的範圍內，有堅強敏快的能力，產生最大的效果。他們也不贊成民主政治，而擁護世襲的君主政權，他們認為這種制度最能配合全國利益，也最合乎自然秩序，每一個有理性的人，應當有必須服從君主的自覺。由於法律少統治範圍小，人民仍可享有大量自由，另一方面由於統治權力強大，便更能有效的保障人民權利。

重農學派把自然法則觀念與洛克的學說合在一起，乃得到一種結論。就是自然的法則是天定的，個人的行事，應依照自然法，國家的行動，亦應依自然法。個人有個人的權利，國家是為個人利益而存在；國家的基礎，就是個人的自然權利。國家對於個人的干涉束縛，是違反自然法，有害無益的。國家的職務，就是保護個人的生命、財產及自由，與抑制個人權利的濫用。如此，可使自然的法則，完全實行。個人不可仰賴國家的幫助，應依自己的力量，自己的意志來行動，以謀自己的發展。蓋納並且說：「自由放任，社會就進步」，這句話，就變成他們的信條，而重農學派就成為個人主義了。

重農學派對於私產極為重視。他們的政治思想中，口口聲聲是以國家保護私產為前提。奎納認私有財產的安全，是社會的經濟秩序的真正基礎；而內謨爾且把私產比作一株大樹，一切社會制度，比作這棵大樹的枝葉，必須依靠本幹而生存的。把重農學派的重要觀念歸納一下，就是㈠他們認為天定的自然法則，是給與人類幸福的，人類行為必須要依這個自然法則，始能得幸福；㈡個人最能了解自己利益，所以一切讓個人自謀，一定比國家干涉有效；㈢國家的職權範圍應縮小，而保護私產是國家的重要職務。

第三節　亞當斯密

在英國，對於國家採取重商政策，也造成反感，不過英國當時已進入工業革命的初期，所處環境時代與法國的重農學派乃有所差異，故學說內容亦有所出入，重農學派是以研究生物學的態度探討經濟，而此時產生於英國的古典經濟學派，則以研究物理學的態度研討經濟，而使經濟學達於成熟的階段，被稱為經濟學鼻祖的亞當斯密（Adam Smith, 1723–1790）是最有貢獻的一位代表人物，他最為人所共知的著作就是《國富論》（*An Inquiry into the Nature and Causes of the Wealth of Nations*），是為最早的一部有系統的經濟學，另外《德性論》（*The Theory of Moral Sentiment*）一書，其內容則包含了其政治及經濟理論基礎。

亞當斯密出身於中產家庭，其思想是以代表隨工業革命而勢力日增的中產階級之要求。他也認為自私自利是人的本性，並且是經濟活動的主要因素，惟人性中也有同情的特質，因此人雖自私，但如果動機良善，其行動尚能合乎道德。人既自私，因而他說：「快樂與痛苦是吾人所企求與避免的兩大目的。」這是功利主義的先聲。他並且說：「快樂與痛苦之判別不在於道理，而在於切近的感覺與感情。」趨樂避苦是為人性自私的自然表現，人善於自謀以得到生活的安適滿足，個人對自己的利益最為明瞭，為自己的利益策劃計謀，必優於他人，國家不可能較個人對一己之事了解及設計的詳盡周密，所以國家應當採取自由放任政策，此不僅在理論上是正確的，事實上也是有益的。自私是為經濟活動的主要因素，人能各私其私，與公並無所礙，各個國民能富有，國家便可隨之富有。在自由放任之下，人人可自然的依其心性所向，趨利避害，發現最適當的途徑，獲取最大的利益。例如有資本的人，自然會向最有利的事業去投資，勞動者自然會去選擇工資最高的場所，生產者會製造最有利的產品，銷售於最能獲利的市場，消費者也自然會用最低代價，換取到必需品，大家都是趨於最大的自利，使彼此都不能獨享不正常的利得，供求也自然可得到配合，如此使各個人彼此互得利益，國家也就得到利益，因為國家是各個人的綜合，故個人各為一己營利，結果卻可與社會利益相調和。這些意見大致與重農學派是相通，不過亞當斯密固然反對重商政策，但也並未主張向後回顧，去偏重農業，只是任由人民自營生計，發展其自以為適宜的經濟活動。

在上述理論中，可以看出亞當斯密亦如重農學派之含有自然秩序的觀念，這在他的經濟理論中更可發現。他認為物品價格是由需要與供給而決定，當需要多供給少時，價格高；需要少供給多則價格低。同時物品上漲時，則銷售所得較多，自然會刺激產量的增加，反之則否。無論經濟的或政治的道理，都與物理一樣，會產生自然的平衡，所以要使價格能長久維持一自然正常的水準，則只有任各種物品自由競爭，自然會使得優者自留，劣者自去。因此他反對一切壟斷的行為，更主張國家對人民活動必以自由放任為原則，實現一種「自然的自由制度」。他所處的時代還是在工業革命的初期，主張自由競爭，反對壟斷干涉，他只能了解獨資經營的產業機構之優點，以為在這種機構中，經營者之利害，是與其機構之成敗密切相關，自會促使經營者的努力，殊不知此種優點，到了工業發達進步之後，便被大規模的股份公司之能利用技術上的改進而取代。同時在工業革命初期，經濟的發展尚有許多機會與餘地，自由競爭還可以表現其績效，但到了經濟發展到達一飽和狀態時，自由競爭就有了弊害，以後的社會主義者甚而批評，即使在經濟發展仍有餘地時，自由競爭也會造成人與人之間的敵對及仇視。

亞當斯密主張自由放任，所以國家的職權應當是消極的，他認為國家的工作，僅在於防禦外來的侵略，執行法律主持正義，以及公共事業的維持，凡私人力量之所不能為，而關係到公共福利者，可由國家興辦。他也認為有若干事項，是不可放任而必須加以干涉者，如關於國外貿易方面，為維持國家之自足計，不能聽任貨物自由進出口而不課以關稅，關於銀行方面，亦應有所限制，以免少數的自由危害到社會全體。利率方面，也須有合法的規定，他更主張普及義務教育，以免人民智識不進步，科學無以昌明。由於環境不同，放任干涉也各有程度的不同，但干涉的目的，必應在維護人民利益，但當時重商政策之干涉，猶如枷鎖，影響經濟的健全發展，因此他主張以放任為原則，予以糾正。

亞當斯密的思想，在當時甚為世所推重及歡迎，他的樂觀態度，相信自然秩序的存在，可導致社會的諧和與進步，他的學說也幫助了英國經濟的繁榮與工業的發達，但是隨著工業的發達，卻有利於資本主義的產生，生活方面固然有了空前的進步，但也造成經濟力量的集中，使許多人喪失了生活的依憑，造成嚴重的社會問題，因此他的後繼者，如《人口論》的作者馬爾薩斯 (Malthus, 1766–1834)，持「工資鐵律說」的李嘉圖 (Ricardo, 1772–1823)，便表現了悲觀的色彩，使當時的經濟學，反變成了一種所謂「憂鬱的科學」。

第十六章　邊沁與其功利主義

第一節　英國產生功利主義的背景

功利主義簡言之，是一種以趨樂避苦的幸福追求為目的，而復以苦樂為是非標準的主義。其對於國家的態度，也是主張權力縮小，不應當干涉個人活動，所以根本上是屬於個人主義的，也是英國早期的一種自由主義(Liberalism)。但功利主義所以能在英國於十九世紀前半期產生很大的勢力，而且對於實際的政治改革有很大的支配力，又自有其特殊的原因。

隨著工業革命的進展，舊日的一切制度及觀念，都發生了動搖及轉變的現象，尤其是中產階級的數量與財富均在日愈增加，使他們與統治貴族之間，發生了勢力的鬥爭，而英國的智識份子即包括於此一新興的階級中，他們必須要結合成一種公共的力量，以便在鬥爭中緊握住一項有力的武器。但另一方面在拿破崙戰爭結束之後，工業化的程度雖是有增無減，然而在經濟方面卻發生了蕭條的景象，社會呈現不安的狀態，物價因受戰爭影響而騰貴，下層人民購買力銳減，加以賦稅繁重，更使人民不勝負荷。一個工人每日工作十七小時以上，其所獲工資仍不足溫飽，一般工廠設備簡陋，工人們終日操勞，體力不支，疾病傷殘甚或死亡者數量極大，而又毫無保險救濟的政策。農村方面，於戰爭期中許多農民被徵役而犧牲於沙場，致農產減少，後來雖通過「穀物條例」，以限制外貨進口的競爭，糧價乃增高，而地租亦因而大增，農民無以自給，致散而走四方，社會上到處充滿乞丐饑民及流浪者，可是一般地主貴族及富商卻反而有利，所以一種革命性的不滿已極為普遍。

在政治方面，英國雖然自光榮革命後建立代議制度，但事實上是弊端百出，一般人民對政治無絲毫勢力及影響，國會由貴族特權者所控制，上院議員是根據世襲制度由貴族所掌握，下院議員則根據限制選舉權，貴族們用腐敗惡劣的手段操縱絕大多數的議席，所謂選舉只是在教堂或貴族的客廳中包辦決定，賄選之事公然進行。而貴族特權者之勢力對政府的影響，尚不僅限於國會，並擴及到宗教、教育，和一切內政軍事等事務，無論保守黨或自由黨，其所制定的法律，均有利於貴族及地主，而英國當時的法律，又是混亂矛盾，苛暴繁瑣，惟以誅戮為能事，構成死刑之犯罪，竟多達一百六十種，這些法律實際上完全是一切不相連屬的原則與傳統之混合物，理論上既不充實，實行時尤為殘酷，唯一獲利者為律師，藉敲詐訴訟人而自肥，雜亂錯綜的條文，只有使窮人含冤，讓富人佔上風，使老實人吃虧，讓無賴者佔便宜。

這一切現象，使抱持自由哲學的中產階級之智識份子掀起要求改革的熱忱。本來此時的英國與法國相較，亦應可以發生暴烈的革命，但保守務實是英國的民族性格，他們為法國革命後的恐怖暴亂所震驚，不願在英國再發生人民爭鬥，革命獨裁，以及無情的沒收充公。所以注重實際不尚空談的功利主義，及其所形成的政治性團體——哲學激進派 (Philosophical Radicalism)，只從立法上去著手，把力量和才智集中在國會的改革上，而避免革命的危險，將社會敵對行為變成一種政治問題，把階級戰爭化為政黨鬥爭。於是把不滿現狀的工人及平民，拉到反抗貴族特權的同一陣營中來，要他們知道改革國會是改革社會經濟狀況的最有力手段，但卻要在一切立法及擴大選舉權方面，極力培植中層勢力，而避免平民過份插足其間，致釀成社會革命。然而對於貴族方面，則使他們迫於被壓榨者的怨恨情緒，不得不自行讓步。總之功利主義者所希望的是改革，是再一次溫和的光榮革命，而不是暴亂流血的法國式革命，此結果造成了一八三二年的改革法案，貢獻甚為豐偉。由此可知功利主義的產生與成就是與當時英國動盪的政治、經濟及社會情形有密切關係，它包含混合著一切新思想及英國特有的傳統觀念，並不像黑格爾哲學下所產生之形而上的制度，也不像盧梭那樣由幻想所構成的閃爍的理想，而是含有一種對於實際人生的態度，一種社會經濟政治的活動計劃，以及使得與英國民族性格及歷史傳統相諧和的各種方法。

第二節　邊沁的前驅

重農學派及古典經濟學派倡個人主義於前，至十九世紀個人主義最為盛行的時期中，則以功利主義一派，發生的影響最大。但在當十八世紀末期功利思想已在許多思想家的理論中見其端倪。茲就休謨起，分別將幾個重要思想家的學說加以說明，並簡述當時的背景，藉以明瞭其思想之淵源及形成的原因。

(一)休謨 (David Hume, 1711–1776)

休謨雖未曾使用「功利主義」的名詞，但是在功利主義的哲學方面，他的確是一位先驅。他在不滿三十歲時所發表的《人性論》(*Treatise on Human Nature*) 一書，已足以使他享譽於世，並發生很大影響。在道德論方面，休謨認為道德是同情的表現，而抨擊霍布斯對於人性的觀點，對於亞當斯密的思想實發生不少啟示作用。但是在政治論方面，則認為人類是自私的，他不相信契約說，而認為政府是由武力戰爭所產生。他說：「幾乎所有現存的政府，或是留有記載的政府，發現其最初之建立，係由於篡奪霸佔，或武力征服，或是兼有兩種因素，並未曾有人民公平的同意或志願的服從。」不過他仍然認為利益、習慣及輿論是政府存在的基礎。武力統治誠為不可少的工具，但少數統治者所以能統治多數人，畢竟還是多數被統治者認為對他們有益的緣故，即使最專制的政府亦不得不然，所以政府不過為一種功利的工具，我人之所以要有服從的義務，就在於此。

休謨對於私有財產制度極力辯護，他認為人類是習慣的動物，由習慣而發生希望，人們如果要快樂，則其過去所享有及現在所享有者，應該在將來同樣能享有，剝奪人們的財產，等於剝奪人們對於未來享有的希望，亦即是毀滅了由習慣所產生的希望，便必然會危及社會的秩序。從另一方面言之，人們由於享有已久的財富被剝奪所產生之痛苦，較之其得到某種希望的快樂要大得多。人們需要安全，如果人們同時有所得亦有所失，就會有不穩固的感覺，故財產的穩固性實為社會安全的基礎，不應使其發生動搖。他反對一切劇烈性的改革，因為冒險行動所產生的後果，是不堪設想的。

(二)愛爾威修 (Helvetius, 1715–1771)

愛爾威修將休謨的哲學傳播到歐洲大陸，他並且還受到洛克、孟德斯鳩、盧梭及百科全書派的影響。他認為人之智力生而平等，有同一的利益，所以雖然人類愛己自利，趨樂避苦是為一切人類行為之原動力，此有類乎物理之公理，但自利與公益並無必然之衝突，公益乃私人自利的總和。個人利益滿足而後始有全體之利益，國家政府之所以成立，係在於此，故知政治之基礎乃立於功利，政治之是否修明，即在於能否為國民謀得最大量之樂利。他受孟德斯鳩之影響，亦知政體之優劣，須視環境而決定，但他不同意孟德斯鳩所稱國民性格亦由地理與氣候所造成，而更認為人為環境遠較地理環境重要，地理環境雖非人們所能控制，但人為環境卻可為人所駕御，因此人人有自我改造之可能，也因此他推崇立法與教育，重視立法與國家興辦教育相互為用的功效。

㈢貝加利亞 (Beccaria, 1735–1794)

義大利學者貝加利亞亦認為自愛自利為人類基本的動機，趨樂避苦為一切賦有知覺之動物的原動力，而倡說功利主義。他亦曾在未逾三十之英年完成一本傳世的名著——《論犯罪與刑罰》(*Dei Delitti e Delle Pene: Of Crimes and Punishments*, 1764)。在此書中，他提出了許多改良司法的具體主張，大都為邊沁所採用。他認為刑罰的輕重應與犯罪的等級相符，其主要原則在於應使犯罪者感受最小痛苦而達到最高警戒的效果，否則即是暴政。死刑應該廢止，沒收財產及株連家族的處罰均非合理。法律之目的不在刑罰，是在於配合道德與教育以防止犯罪，而其積極意義在使人民得到最大快樂與最小痛苦，更在於完成最多數人之最大快樂。另外他又主張法律條文務必確定，簡單明顯，訴訟手續必須公平，法官的審判固應獨立，但其權力，僅限於法條的運用。

早期的功利主義者，並不僅限於他們三人，不過是他們對邊沁及其門徒所發生影響為最大者。普里斯特利的著作，對於邊沁亦有直接的感觸。另外如赫起遜 (Francis Hutcheson, 1694–1747)，哈德烈 (David Hartley, 1704–1797) 以及布朗 (John Brown) 等人，均有著作，或多或少，或明言或隱含的倡功利之先聲。

第三節　邊沁及其功利主義的思想

邊沁 (Jeremy Bentham, 1748–1832) 在其功利主義形成一個學派，產生實際的影響之時，是被視為此一學派的創始者及領導者。他生於倫敦，亦逝於此都市。當他在一七六一年至一七六三年肄業於牛津大學時，攻讀法律，但他對於牛津的古老制度極為不滿，尤厭惡那些中古式的課程，保守而缺乏理想。他在一七七六年所發表的第一部著作——《政府簡論》(*Fragment on Government*)，就是針對牛津教授布拉克斯頓 (Blackstone, 1723–1780) 之《英國法律之評註》(*Commentaries on the Law of England*) 而發，極力攻擊思想保守的布氏對英國憲法之讚揚，布氏所推崇的無比制度，邊沁卻視為一種邪惡的外衣，是一種狹隘自私的寡頭政治，粉飾醜陋，為偏見所蒙蔽。

邊沁既不滿意當時的政治制度，以及法律內容與執行的腐敗，乃專心著述及熱心的從事改革工作。他主要的著作，除《政府簡論》外，尚有《道德與立法之原理》(*Introduction to the Principles of Morals and Legislation*, 1789)、《立法論》(*Theory of Legislation*, 1802)、《巴力門改革計劃》(Plan of Parliamentary Reform, 1817)、《憲法彙典》(*Constitutional Code*)、《道德學》(*Deontology*, 1834) 等。他的著作範圍甚廣，包括了政治、法律、宗教、教育、經濟及監獄改良各方面，文辭清晰，辛辣而富煽動力，對於古老制度與傳統的批判，具有一種真知灼見。

邊沁得力於其門徒處甚多，門徒們對他亦極崇拜恭謹，許多優秀的智識份子都列入他的門牆。他們創辦《西敏寺評論》(*Westminster Review*) 雜誌為喉舌，後來並辦了《晨報》及《蘇格蘭人報》兩份日報，又於一八二八年創立倫敦大學，教授社會科學。所謂哲學激進派，亦即是他們所組成的一個政治性與學術性的集團，宣傳功利主義的理論，雖然並非是立於保守及自由兩黨之外的第三黨，但是具有較兩黨更進步徹底的改革方案，並迫使兩黨採取他們的政策，藉以達到廢除舊制度及建立新秩序的目的。

邊沁認為趨樂避苦是為人類一切行為的原動力，此是為人類最自然與最普遍的表現，無論王侯將相，販夫走卒，才智下愚，皆有此顯而易知的同感。他說：「所謂功利原理者，乃對於任何行為，須視其能否增加或減少關係者之快樂，以決定贊成或反對的一種原理。」此為最簡易公律，在個人如此，在社會亦如此。他並且發明一種複雜的「幸福計算法」，將苦樂分類，作為計算之標準，而組成一套道德數學，更進而將此原理灌注在他的法律論之中。他認為法律的作用，固然在於調和個人與社會的利益，但其目的及效果，仍在於增加社會人群的快樂，所以「最大多數的最大快樂」(The Greatest Happiness of Greatest Number) 必須是為立法的最重要原則，如此則人們會自然的服從法律，這是社會秩序的引力定律，使個人與社會得到調和，使個人能有自利亦能兼利他人。因此立法者必須能了解人性並予以滿足，要能符合社會一般人普遍流行之期待，更要熟知幸福的計算方法，發生指導作用。為了簡化計算，他提供了生存、富足、平等、安全四個主要目標，能據此而立法，便不致有錯誤，此四項目標的享受愈完全，則社會幸福的數量愈增大，事實上一切法律的宗旨，也不外乎此。

邊沁認為生存、富足、平等、安全，不僅是為立法目標，而實亦為國家目的。他更將此四項作一比重的分析，認為生存與富足兩項，一般人自己已經有清楚的認識，苦樂的計算亦較易得知，可以不必立法過多。至於平等與安全，則應有詳盡明確的規定，而安全尤為重要，至於維持安全的最好方法，即在於如何保障財產的權利，任何對財產的危害，都會使人痛苦，相反的任何對財產的保護都能使人快樂。財產權利並非是一種自然權利，而是法律權利，是社會中每一安全的合法保證。至於平等也可以增加快樂，但不可與安全相抵觸，而經濟上的絕對平等，並不是國家唯一的重要目的。由於法國革命後的恐怖暴亂，使邊沁已深具戒心，亦使他預見到共產制度之強調經濟平等，必得失去安全，而在專制與奴役之下完成，失去安全，便失去一切。

法律的施行，有賴政府的執行，政府在執行其職務時，固然要利用法律的賞罰作用，但就政府本質言，其職務仍屬消極性的，因為以賞罰為手段以對待人民，實亦為不得已之事，故政府在執行職務時，應儘量避免為害於人，使個人在追求快樂時，不致受到干擾。所以他主張法律宜少，因為在他看來，多一條法律，人民便多一層自由的束縛。邊沁對當時英國法律的苛嚴繁多，及政府制度，均極不滿，故力主改革，但並不主張革命，只是運用國會的立法行為以廢除一切弊端，而不願引起一種蹂躪性的行為以求解放。他既是個人主義者，故在政治制度上，他是傾向民主的，他的最大多數最大幸福的原則，看來似乎是重多數快樂，不重個人快樂，但是由於他重視個人價值，人人是平等的，當計算最大多數最大快樂時，是以每一個人為單位而計算，同時政府既必須追求這種以個人為單位的最大快樂為目標，則只有在治者與被治者的利益相配合，使個人利益與社會利益相調和時，政府才能健全，功利原則才能實現，因此便必然要走上民主政治之路。但是若要使人民直接參政，勢不可能，仍必有賴於代議制度，借重國會的力量。而當時國會腐化，議員並不能真正代表人民，無論保守黨或自由黨，均出於同一階級，只代表貴族及地主的利益，又皆是為國王所御用，造成輪流執政的煙幕，完全是一種寡頭政治，兩黨制度乃為其所破壞。因此他主張擴大選舉權，使人口正在迅速增加的新工業都市產生代表，以取代腐敗的貴族，惟有如此始能符合最大多數最大快樂的原則。

第四節　對功利主義思想的評論

功利主義在英國思想界，支配了一個世紀之久，可以說是英國思想家對道德及政治哲學的最大貢獻。時至今日其理論雖是已成過去，但其所產生的影響，至今或仍未根斷跡絕。

邊沁是一個真正的屬於英國傳統的思想家，他的思想是具體的，慎重而實際的。他的功利原則是從具體事實中得來，並非由抽象觀念中產生，不過他固然很少涉入幻想，但也因而使他過於著重冷峻的理智。而由於當時之心理學智識的簡陋，他的道德哲學不可能毫無缺失，他以苦樂說明一切善惡是非的基本原理，實在不能道盡人性的表露。並且用這種人們追求快樂的欲望，以解釋人群社會的一切組織，也顯然是有所偏失的，即使人們唯快樂是求，但人之所欲，仍然是各不相同，又如何能使個人利益與社會公眾利益相一致？邊沁雖然曾反對自然法的觀念，但在公私利益調和方面，也似乎樂觀的採納了重農學派及亞當斯密的自然秩序及自然平衡的觀點，所以他也主張自由放任。可是在放任的資本主義的競爭中，利潤是為一主要目標，此為資本家所追求者，以後事實證明，這種私利的追求，並未盡與公益相一致。

邊沁之所以致此者，是由於過份誇大了個人的能力，認為每個人都能明瞭其自身利益所在，亦能明瞭自己的利益與社會利益相配合，是最大的樂利。事實上個人明瞭其利益者為數不多，對自己所欲求的目標有選擇能力和自由者，為數更少，大多數的個人常常是依賴一切情勢和環境條件來作為選擇的手段。由於這種過於重視個人主義，以致功利學派視政治社會純為個人之集合，遂忽略了國家一部份特殊的屬性。因此其政治學說，實為政府之學說，而非國家之學說。事實上邊沁的確在國家，政府以及主權的觀念區分上，是極為混淆的。

功利主義過份重視財產，也受到許多譏評。但這是由於受時代環境影響必然的反映，代表工業革命後中層階級的意識。工業革命利用機器生產給人一種興奮的刺激，使有雄心的人有變為富人的機會，使他們看到了一種快樂的遠景。經濟上的成就乃是一種新的快樂，而經濟上的失敗便是一種新的痛苦，此皆為工業革命所給予中產階級的意識。因而使功利學派重視財產權，其所形成的資產階級自由主義，在中產階級中發生了極大作用，但法國革命後，為無產階級所喜愛的人人平等原則，卻為他們所恐懼。邊沁及其門徒乃竭力維護中產階級的經濟權益，同時要把政權自貴族手中爭取過來，他們的主義乃成為中產階級的哲學。所以他們雖然主張擴大選舉權，卻仍附有財產的條件，他們認為財產權並不能構成一種特權，因為每個人都有能力獲得財產，所以由有資產者來控制政府，也並非是一種階級專政，這只是一種自然選擇的法則，在優勝劣敗的競爭之下，使最適當的人掌握政權。但如此一來，不僅損害了平等精神，而且使得「最大多數最大幸福」的原則大為減色。他們的奮鬥固然獲得了很大的勝利，但也造成了資本主義，資產階級取代舊日貴族的地位而成為新貴族，嚴重的問題亦隨之而產生。

惟功利主義所以能成為一個重要的思想學派，主要的還是它在各方面的務實致用的效果。其哲學方法是為歸納的，其資料是從實驗方面引申而得，而其目的則為實用。惟對於一些社會問題，並未能有深刻的分析，所以雖曾流行一時，終將被後浪所取代。不過所有政治思想，均與其所處環境相關，均有其時間性與空間性。邊沁以「最大多數的最大快樂」作為道德和社會政策的一種基本原則，作為政治施行與法律制定的唯一準繩，他將政治與倫理又併入在同一的課題之中，具有一種仁慈為懷的人道精神。他雖然是反對革命而主張改革，但是他的功利主義是具有革命精神的，他完全反對歷史和傳統所給予古老制度及習慣的莊嚴成份，所以他對每一制度、法律、傳統、習慣都表示懷疑，這是一種不休的進步力量。他揭開了當時英國政體的華麗外衣，使人發現到不易覺察的弊端，而創立一種心理狀態，使人承認及擁護一切新的思想，新的制度和新的進步方法，因此展開了人類進步的遠景，這是功利主義的目標，也是它具有永久價值的所在。

由於邊沁追求進步，又由於務求實際，所以他主張一切改革都由立法著手。同時由於現實的情勢，他的哲學激進派，也不得不有若干妥協讓步。但是他們畢竟一方面戰勝了保守的力量，一方面安撫了下層階級革命性的暴亂情緒，而避免了類似法國資產階級兩面作戰的艱困，更避免了暴力革命，化為民主政黨的角逐競爭。一八三二年的改革法案，是他們偉大的傑作。自此之後在十九世紀中一連串的改革法案陸續推進，如民刑法與獄政之革新，工人境遇之改善，濟貧法之變更，穀物條例之取消，國民教育及貧民教育之創造，以及上院權限之削減，這一切都無不是邊沁及其門徒的貢獻。功利主義學派藉立法行為以求改進，實在創立了一種和平漸進的新方法、新楷模。改革必須是一次又一次的繼續下去，必須激進的作重大的改變，更要減輕任何階級或集團的痛苦與不平，而使整個國家受到利益。他們藉國會活動來實行激進改革的方法，成為英國固有的傳統，十九世紀的自由黨與二十世紀的工黨都是在追隨此一路線前進，所謂激進的必然性已被英國公認是獲得社會進步的最好方法。

第十七章　約翰・穆勒

第一節　約翰・穆勒其人及其著作

邊沁所倡說的功利主義，在十九世紀的英國，無論在學術思想及實際的政治改革上，都產生鉅大的影響，獲有輝煌的成就。約翰・穆勒 (John Stuart Mill, 1806–1873) 則是這一學派後期的一位主將，同時他也是一位新自由主義的先鋒。他雖然浸染了邊沁的功利思想，但是他能脫穎而出，成為一個較一般早期功利主義學者思想更加豐富，更富有人道精神的鬥士。擺在他面前的，已經是一個較以往更為廣大的社會面，由於社會情勢實際的變化，自由主義者不能仍一味的作為中產階級的代言人，必須要解除其將形孤立的景況，而與其他社會階層接近，於是不再是一成不變的株守原有的陣地，而是必須要對新的境域作深入的研究。在這一方面說，約翰・穆勒有最大的成就及影響，並且他的生命與事業也綜合的表現出一個時代和一個國家的各種特性來，換言之，他可以作為英國十九世紀自由主義及自由運動的化身。

約翰・穆勒乃是邊沁的大弟子詹姆斯・穆勒 (James Mill, 1773–1836) 的兒子，詹姆斯・穆勒是一位嚴父，也是一位嚴師，他要親手把約翰・穆勒培養成一個功利主義的信徒及宣揚者，他在約翰・穆勒三歲時即啟蒙學希臘文，八歲又習拉丁文，十歲時已閱讀柏拉圖的著作，十二歲時便已熟讀亞里斯多德的《邏輯學》及許多著名的古典作品，當他十四五歲時，學識的豐富及智力的成熟，已絕不會低於一個才智卓越受過高等教育的成人。此後他經常為《晨報》及《西敏寺評論》等刊物撰文，一八二二年他組織了「功利學社」，又參加各種學會，與父執輩的學者結識並且一同研究及討論。一八六五年曾當選為議員，為一八六六年的改革法案熱烈辯論，在贊成愛爾蘭的土地租佃改革，給予婦女選舉權，以及促進工人福利，防止官吏貪污等方面，都能發言雄辯。

由於時變境遷，使穆勒的思想，不可能再追隨邊沁亦步亦趨。因為工業的發達，使中產階級中的部份人變為資本家，成為新的權貴，而多數勞工生活愈加慘苦，表露出財富的分配有極大的不平均，新的階級對立又已形成。一八三二年及一八四二年，英國國會對工廠及礦場狀況調查研究之後，所提出的報告透露出關於榨取工人的黑暗事實，以及工人的悲慘生活，穆勒為之驚異不已，使他加強注意並改變了對勞工們的態度，更使他逐漸感覺到政府為了大眾福利的需要，有權利亦有義務來干涉勞資之間的關係，及防止有害大眾的社會行為，於是他思想中有了社會主義的傾向，對以往的放任政策，漸感到懷疑。

他的主要著作，有下面幾種：《邏輯體系》(*System of Logic*)、《政治經濟原理》(*Principles of Political Economy*)、《自由論》(*On Liberty*)、《國會改革意見書》(*Thoughts on Parliamentary Reform*)、《代議政府論》(*Consideration on Representative Government*)、《功利主義》(*Utilitarianism*)、《婦女之服從》(*The Subjection of Women*) 等。他的文字亦如其人，高雅簡潔，明晰而精確，以及表現出強烈的道德熱誠，他的作品中瑕疵固所難免，但不可否認的具有理性及德性的光輝，在政治思想的傑作中，佔有重要的席位。

第二節　功利主義的修正

約翰・穆勒在功利主義方面，接受了邊沁的人生以快樂為目標，以及「最大多數的最大快樂」之基本原則，但在內容上有了極大的修改，以致在精神上，已相距甚遠。

他對於邊沁的道德數學不能同意，因為他認為快樂不僅有量的不同，更重要的是質的優劣。計算任何事物皆必須質量並重，苦樂的計算又何能例外？何況痛苦或快樂不僅是一種生理或心理的感覺，而且亦為對事物的態度，一種生活境界的表示，在邊沁認為，嬉戲與吟詩的快樂相同，穆勒卻說：「做一個欲望不滿足的人，勝於做一隻滿足的豬；做一個不滿足的蘇格拉底，勝於做一個滿足的白癡。」穆勒又認為追求快樂固然是行為的準繩及生活的目的，但是他說：「如欲達此目的，須自不以快樂為直接目標處著手，人能於快樂本身之外，另擇目標，乃能得到真快樂。」人不應該朝思暮想，惟快樂是求，果真如此反不能有所獲，應另擇目標以作為獲得快樂的手段，例如去為藝術、為美德、為社會公益，或為某種事業去努力進取，快樂自在其中。他是要人去獲取較高境界的理性的快樂，亦即是道德的理想。他的這種修正，與邊沁的意旨相去已不可以道里計。本來苦樂的感受力，是因人之主觀不同而不同，而事實上一涉及到主觀，使有了品質的高低，邊沁雖然也有此發現，但是他仍然強作科學的計量，其勢有所不能，現在穆勒糾正了這一點，認為寧願做蘇格拉底而茹苦，不能做愚癡而享樂，又勉人另擇目標為手段以獲取快樂，雖然他仍以快樂為目的，但事實上快樂僅成了副產品。於是他原來的原則和立場，似乎已發生動搖。

穆勒對於「最大多數的最大快樂」之原則，則似頗為堅持及強調，但是他是著重在獨樂樂不若與眾樂樂一點上。他說：「判斷行為是非的功利標準，並非行為者一己的快樂，而是所有相關者全體的快樂。」功利的最高標準，是為最大多數的最大快樂，故與其謀自己的快樂，不如謀大眾的快樂。他較其前輩更明瞭道德性之根本以及社會性之發揮，必須以利他主義為主要根據，所以他要人另擇目標以求快樂，他甚而認為有許多美德行為，反使人苦多樂少，甚或犧牲了快樂，仁人志士之所以成仁取義者在此，捨棄一己的快樂以謀萬眾的幸福。如此則人生的目的與價值，顯然是快樂之外另有了標準，與邊沁所倡示之趨樂避苦為人類行為唯一指針，已有甚大距離。

第三節　政體的存在及政府的優劣

穆勒的政治理論，一如邊沁很少觸及較為抽象的國家理論，他所偏重的是政府實際應用方面。他在《代議政府論》的開始一章中，首先討論到各種政體所以存在的原因，他發現關於此一問題，有兩種相反的意見，一種是視政治完全是一種實際技術，而一國的政體，亦正如同是為人所製造的機械。另一種意見則認為「政體不是製造出來的，而是生出來的」。是由於一個民族天性和生活的一種有機生長物，亦即是說並非出於有意的圖謀，完全是習慣，是本能及無意識的要求和慾望的一種產物。穆勒認為兩種看法不完全對，亦不完全錯，他固然也承認「一切政治制度都是由人製造的，其產生及能夠存在，皆由於人類的意願」。而不是憑空生長出來，但是也並非因出於人的製造，則方圓可任由人意。因為他知道政治制度，當然是因人而產生的，自然必有人為的因素，然而卻絕非一日之功，亦非一人之力，歷史的影響，社會的勢力，以及物質的條件，都可以左右制度的建立與變革。所以任何政體也並非如同一般機械，動靜悉由人便，但也並非完全不由人作主，而委之天命，任其自生自存，隨其安排左右，而乃是一個民族是可於相當範圍內，自弊害的累積經驗中，去選擇其政體。

政體既係因人而產生，政治機構更必須由人操縱，而所需要的，並不只是單純的同意，乃是積極的參加，同時也須視操縱者之能力與品質如何，作適當的調整，所以一切政體的能存在，必須包括三個條件：㈠人民必須願意接受它，至少不是太不願意而去反抗它。㈡人民必須願意而且能去做一切必要的事，使其繼續存在。㈢人民必須願意而且能夠履行它所加予的責任，及做到它所交付的任務，以實現其目的。

至於論及政府的職務時，穆勒仍以放任為原則，干涉總屬例外。政府的首要職務在於保護個人及其財產，防止個人被侵害，亦防止個人侵害他人，除非在某種大的利益要求之下，不應干涉，因為放棄了放任的原則，必產生罪惡，無論以法律或公意來控制個人的思想與行為，都可能釀成專制而妨害人類的進步。即使有干涉之必要時，也須要受到幾個限制，這些限制，也就是所以採取放任的原因：㈠某些事業由私人舉辦較之由政府舉辦更好，則不應干涉，例如工業。㈡某些事業雖然由政府舉辦較之私人為優，但由於私人辦理具有精神教育意義，增進活動能力及判斷的知識，亦應放任，如陪審制度，地方機構，及由自動組合經營的工業與慈善事業。㈢並無必要而徒然增加政府權力之事，最不應該。舉凡交通、保險、股份公司、地方自治團體等。

談到測驗政治的好壞，秩序固為一必要的條件，但秩序並非政治的目標。所謂秩序是使私人暴力停止，保持社會和平。故秩序是政治的條件，不是政治的目標，不能據以判斷政治的好壞。秩序充其極只能維持原來的善，惟有進步才能增加善。進步固然有賴秩序為條件，但秩序不能包括進步，進步卻可包括秩序，故進步的表現，可以顯示出政治的全部優點。據此而論，一個良好的政府是在於能增進人民的品德和智慧，如促進勤勉、純厚、公正、節儉、勇敢及創造、發明等美質，這種人民個別或集體的優點之增加程度，可視為政府好壞的標準之一，同時政府亦應當除增進人民福利外，也應當將人民的優點納入政治制度中，作為推動政治機構的原動力，這也是政府本身的特質，以及可作為政治優劣的另一標準。此即是說政府是否能利用所有既存的優點，俾有助於正當的目的。由此而視之，穆勒已不僅是要政府消極的負責警察的職務，同時也負有文化的責任，則放任與干涉間的界限如何劃分，便非易事了。

第四節　代議政治的解析

穆勒對於政體的採取，並無絕對的觀點，當視國家環境而定，惟比較之下，代議政體仍為最好的一種。如果將政府視為機械，也應當選擇機件精細良好易於操作者為是。代議組織是使社會表現一般智力和廉潔水準，以及社會上最聰明者的智慧和品德，對政府發生直接影響的一種方法，他在一些理論與事實論辯之後下一結論說：「從種種的理由中，可以明白看出，唯一能夠滿足社會要求的政治，就是由全民參加的政治，儘管參加的是最小的任務，也是有益的。這種參加應該在社會進步的一般許可範圍內，儘量求其廣泛，而最後最可希冀的事，莫過於大家分享國家的統治權，但在範圍遠超過一個市鎮的社會中，由於大家所能參加的只是公務中極小的一部份，這就意味著一種完美政治的理想形式，必然是代議制的。」所謂代議制度，他的解釋說：「代議政治的意義，是全體人民或他們的一大部份，經由他們定期所選的代表，在每一組織中都掌握有所屬的最後控制權，他們必須完全擁有此最後的權力，亦必須在願意過問的時候，成為一切政治措施的主人。」代議政治是使得主權，或行使最高最後的統治權，屬於社會全體，其主要優點，在於能夠教育人民，同時他相信每一個人對其自身權利及利益，最明瞭亦最能保障，所以每一個人都應對其自身幸福有關的問題，發生必要的影響。依照功利主義的理論，自由乃繁榮的工具，而繁榮又是為幸福的法門，此種觀點，並未放棄，所以他認為人民愈自由愈活躍，參與其事者愈多而愈努力，則國家愈繁榮及幸福。

議會的重要權力在立法，但是由於人數過多，有時並不適宜直接從事。他說：「幾乎沒有一件運用智力的工作，可以和制訂法律一事相比，它不但需要有經驗有才能的人去做，而且需要經過長期的用心研究，及對此事有訓練的人去做。」故實際的法案草擬工作，可交由一個人數較少的立法委員會去進行，但議會有權決定此種人選及監督其完成任務，並且有最後的拒絕或接受的權力。在立法方面，議會的實際表現是如此，所以其真正的職責及效能，還是在於監督政府，及使人有暢所欲言的場所，他說：「議會的正當任務，不是行使它不能勝任的統治權，而是監督和控制政府，對它的行為公開表示意見。此外還有一個與此同樣重要的任務，就是同時成為全國訴願委員會及言論委員會。」人數過多的議會，既不適宜立法，則尤不適宜負責有專門技術及經驗的行政工作。但是它可以迫使政府，將有問題的行政措施，公佈全部真相及說明理由，可予以譴責與非難，甚而可解除負責行政者的職務，另外任命繼任人選，這的確是保持國民自由的很大權力。所謂議會成為一個全國的訴願及言論委員會，是使得每一個人的意見，有可以充份提出討論的機會。可以在論辯之後，使少數反對者，糾正自己的錯覺，衷心贊成多數意見，也使得政府在擬定政策時，作必須的讓步，不單是注意目前的危機，也顧及到進步的趨勢。

代議政治固為最良好的政體，但並非任何國家均可採取，如果進步的條件不夠，愚昧無能普遍存在，人民只知道消極的服從，盲目的依賴，缺乏對代議政治的了解與意願，亦無有能力履行屬於他們的責任，則實行代議政治只會造成少數階級取得控制權，他們將利用其權力作為陞官發財的捷徑，或是使國家陷入權位之爭的困擾。如果一個國家的人民，不能充份的重視代議政治，發生一種相依並存的關係，則此種制度的優點亦無法保持。要使得代議制持久，必須靠人民熱心的擁護，當有危險發生時，願意為其奮鬥，另外地域觀念過份頑強，權力觀念的矛盾不當，也是重大的阻礙；或是人民尚未培養成藉議會聯合的感情及習慣，在此種情形下，代議政治亦必受到嚴重的影響而至於失敗。

第五節　政治的改革意見

約翰·穆勒對於代議制度，曾多所討論，對於英國當時所採行的代議制度，在原則上雖表示贊同，但是弊病卻也不少，他也提供許多具體的改革意見。而當時發生問題最大的，是在選舉方面，他主張擴大選舉權，更趨於民主，由有產階級的選舉，變為成人的選舉。他更首先為婦女爭取參政權，婦女也是人民，是公眾的一部份，應當給予同等的權利與機會，能將選舉擴大及於婦女，乃是使男女平等的真正象徵，使婦女有一種新的高貴的感覺，而消滅男性不當的自傲自尊，實現真正的公正，而且也使增進社會公益的力量加倍。

不過穆勒雖然一方面提出更趨民主的擴大選舉權的主張，這可以與最大多數最大利益原則相符，但是一方面他又對於多數決定的法則，仍未敢信任，雖然多數決定比較其他任何階級的決定，更為優越、公平，可是他認為也同樣具有危險。他說：「民主政治的最大危險之一，正如其他的政體一樣，就是掌握權力者的邪惡利益，亦即是階級立法及有意為統治階級的一時利益，造成對整個國家的久遠損害。」他並且又說：「代議民主政治容易發生的危險有兩種：一種是議會以及控制它的輿論知識水準低的危險；一種是由一個組成多數的階級立法的危險。」在當時的英國，認為有錢、有閒及受教育是為管理政治的主要條件。所以使得穆勒感到憂慮的是，多數決定固然是民主的原則，但問題是如何能行使普遍選舉，而同時又能避免愚昧的多數統治之可能專政。於是他進而認為選舉權並非是一種自然權利，乃是一種具有支配別人的權力，因此他主張對這種權利應加限制，不願意立即實行普選權，此種限制即是知識的考驗，他認為普遍的教育制度，應在普遍的選舉權之前建立，他相信教育是一種對民主政治問題的溶劑。

由於他重視教育，以及為了避免階級立法與多數專制的危險，他建議採用「複票制」與「比例代表制」。將複票的優待給予受過高等教育的份子，使他們知識上的優越，有重量的增加，在選票的計算中，除數量外也兼顧到品質的重量。至於比例代表制，是作為對多數權利的另一限制，使多數者與少數者，均可依其人數比例取得代表權，以減少多數壓力形成專制，而增加少數的權力，以避免變成多數的俘虜。穆勒既一方面主張普遍選舉，卻又恐懼多數而主張複票制及比例代表制，這似乎是白相矛盾的，但這和他基本的個人主義卻能完全一致，他認為民主是應當在政治上承認每個人，他並不畏懼個人表示異端意見的危險，只畏懼少數者集團的危險，有組織的少數者集團會對現有秩序安全有所危害，所以保障少數者集團發表意見的自由，是對個人意見自由的真正考驗，而比例代表制是為一項最有效的方法，使每一少數者份子有權來說明其本身的主張，疏導其對社會秩序危害的威脅性。

邊沁曾經反對國會的兩院制，穆勒則主張要維持上院的存在，他說：「我曾主張在每種政體中，對於憲法中優越力量，都應有一反抗的中心，所以在民主國家中，也主張有一個反抗民主的核心，我認為這是政治中的基本準則。」在他看來，這也是防止多數專制的方法之一。不過他不贊成世襲的上院制，而主張由大學教授、高級政府官員及貴族的代表所構成，他們沒有多數階級的利益觀念和成見，本身亦沒有觸犯民主精神的特質，他們可以牽制民選的下院，以防多數專制。

第六節　經濟的改革意見

穆勒在功利主義方面，曾將邊沁的思想作了若干的修正，而在經濟理論及改革意見上，他也修改了亞當斯密等人的古典經濟學說。到了晚年，更顯示出他有社會主義的傾向，這當然是有鑑於古典經濟學說的放任主張，造成了資本主義社會的病害所致。不過穆勒對於古典經濟學派的前輩們所主張的企業自由與私有財產的原則，仍願保留。因為他認為企業自由制度是經濟進步的一種試金石，而私有財產的安全，又為維持經濟進步的最確切擔保。他所要求的乃是企業自由的限度，及私有財產的改善，使得每一個人都能得到利益。

至於他在經濟及社會方面的改革意見，可以明顯的表示出社會主義的傾向者，約可分為三點如下：

(一)勞工合作

他主張工人應當組織工會，作為保障工人利益的良好途徑，並且更主張工人應有生產的合作組織。他認為這種合作制度，應由工人平等的參予，以其資本從事經營，並由公眾選舉的方式更換主持人。他覺得合作的社會較競爭的社會，更能獲得富財以及能夠更公平的分配，這種工人合作組合，可以成功的取代有組織的企業競爭，而不必經過破壞的手段，是一種和平的方法，使社會由競爭而轉為合作。

(二)地租公有

這在當時也是一種革命性的看法，他認為土地是全人類的基本遺產，而地主竟可不勞而獲得享有地租收入，至為不平，因此應由政府徵用以謀公共福利。他建議徵收土地累進稅，使地租增加，租稅亦隨之增加，而至等於地租，俾使此一收入歸諸社會公有。他又主張將田地分給耕者，使耕者有其田，以減少地租的專享，農民自己有了耕地，必更關切而生產增加，至於地主失去土地之後的賠償，可以發給補助金或為公債的所有人，穆勒以為用此種溫和的方法，可以逐漸實行土地社會化。

(三)限制繼承權

穆勒認為不應該給予不事生產勞作者很大的財富，因繼承而使一個人坐擁鉅貲，是對社會的不利，他建議僅死者之子女有繼承權，但以只夠維持其生活為限，其餘者應歸政府作為公益基金。在土地方面，他更要廢除當時的長子繼承權的世襲財產制度。

穆勒不僅熱心於當時的社會改革，並且對於將來的遠景，也懷有美好的希望。他知道不建立一種與平等意義相符合的新經濟制度，則政治上的民主不能澈底完成。他所期望於將來的社會者，是一切原料屬歸公有，人人能平等的享受各種利益，不再有勤惰的分野，不工作不得食的規律，不只是施於窮人，而是公平的施之一切人，勞力生產的物質分配，不再為偶生於富貴之家者所佔有，而是依公道原則所分配，人們不再因窮困而為人奴役。

第七節 《自由論》的要義及評價

在穆勒的所有著作中，《自由論》可說是最享盛譽的一本，在此書中，他完全展露了自由主義的本色，使人知道個人自由原屬於他的理想，是他思想的本質。他這本書較之以前一切討論自由的論著，皆示出更冷靜的闡述、切實的分析及誠摯的主張。此書出版之日，正當歐洲一八四八年革命之後的反動浪潮高漲之際，幾乎所有國家都對自由主義的精神加以敵視，但是穆勒堅信自由乃人類進步不可或缺的條件，反動的浪潮只是一種突來的風暴所造成，在澎湃咆哮之聲過去之後，便會煙消雲散，而自由終將獲得久遠的勝利。

穆勒《自由論》的主旨，是在於維護個人自由，而使其政治哲學與倫理哲學發生連鎖之作用，亦為其功利思想作加深一層的解說，並且很顯然的，他所注重的是更廣泛的社會自由，是人類寬容精神之境界，而並不只是針對政府的束縛而發言抗論。他所以一向主張民主政府，即由於自由的緣故，因為自由能產生高貴的道德價值。其自由的主要目標，並非僅要求免除政治壓迫，而乃是一種要求容忍不同的意見，要求接受新觀念的公共輿論。他看到威脅自由的巨大力量，並非政府，而是社會，是固執的傳統，是以多數壓制少數的謬誤。所以他深信在一個民主政府之後，必須有一個民主社會，這是他在《自由論》中最重要的觀點，也是此書有其持久的貢獻所在。

穆勒說：「所謂自由者，是以我們自己的方式追求自己幸福的自由，只要我們不企圖剝奪別人的自由，或阻礙別人求取自由的努力。對於自己的健康，身體的或智慧精神的方面，每個人就是他最適當的保護者。」自由乃是一個正常人適當狀態，得以發展其個性及能力，此並非為獲得幸福的手段，其本身即為快樂幸福。自由不但為一人之善，亦為一社會之善，如予以強制，無論對於個人或社會，均屬不利，所以一個良好的社會應當容許自由，同時要增加此自由，使大家得到安適的社會生活。至於穆勒所稱之自由境域，是包括信仰的自由、思想與感情的自由、言論的自由、以及嗜好行為的自由、結合的自由等。任何社會，不管其政府形式如何，如果不在大體上尊重這些，就是不自由的社會。但事實上，一般社會常為一種流行的意見與感覺所壟斷，而致造成社會多數人的專制，這種專制雖不顯明，但較之專制的法律或暴虐的官吏更為可怕，因為它使人無有脫逃的機會，深入到日常生活中去奴役人的靈魂，使得反對的異見不致產生，或者是不能擴大，甚而在學術思想界中，也不能發射出真正的光輝去燭照問題，這種無形的力量，強迫人們順從社會的觀念去行動，致使一個人的個性受到約束與損害，人們畏懼社會的專暴之所以尤甚於專制的政府，因為一個人被排斥於社會之外，比被送進監牢還更可怕。因此他要研究出社會運用法律的力量，或出於公意的道德力量，對於個人自由強制的標準何在，尤其是要解釋社會必須尊重個人自由的原因為何。

穆勒深切了解知識的自由，是幫助國家社會進步的最重要因素，如果能在思想言論方面給予人自由，則每一種改革都能成功，在最大多數最大快樂的公共福利上，也有其實際的效用。這種自由並非只是從事著作的學者之奢侈品，而是一個進步社會中的必需品，如果沒有思想自由，沒有發表意見的自由，則一切改革都是冒昧突然的，不切實際的。但社會的謬見常常阻礙了進步，穆勒認為蘇格拉底與耶穌皆因此而死，所以應該允許人懷疑論辯，即使是錯誤的，對於社會也會有幫助，它會使人對正確的意見有一層更深切的了解，只知道自己一方面的人，思想不會有進步。牛頓的定律，不經過長期的懷疑與論辯，便不可能使人確信不疑。他說：「不管一種理論如何充實，如果不經過充份、反復的討論，就會被視為死的教條，不是活的真理。」即使是真理，而卻視為無須辯論，或任何論辯皆不能動搖其信仰，那不是一個有理性的人擁護真理應有的方式，因為如此所擁護之真理，只成了一種迷信，不是真正了解真理，而是依附了陳述真理的文字。

另外穆勒認為個人在行為上的自由，社會不僅要寬容並且要培養，因為唯有自由的環境，才能使人生活豐富，使個性有健全的發展。他說：「讓每個人有個性的發展，他將更重視自己，也會更為別人所重視，他的生命亦將更為充實，當各份子有更多生氣時，其所組成的社會集團，也就有更多的生氣。」所以他主張只要不損害別人的權益，應當讓各種性格都可以自由的發展，讓人自願去嘗試各種不同生活方式的體驗，人不能如羔羊如猿猴，只有馴服與模仿，人需要嘗試創造，此為文化進步不可缺少的條件。人性非如機械，社會無須顧慮個性的不同發展或過份發展，個性愈分歧不同，則文化愈豐富進步。但是他也知道有些行為，可能有害於人或有害於己，所以國家可制訂法律，以阻止某些行為，因此法律的作用，不是消極的，也應有積極的維護自由的作用。在一個自由的社會中，人不能以無法律的規定而獲得自由，而自由亦不因法律之限制而喪失。

自穆勒《自由論》的論點中，我們更可以了解到在專制極權之下，如何的剝奪人民自由以及喪失自由的可怕後果。同時也可以看到穆勒《自由論》一書的貢獻。由於對自由的重視，而提高個人的價值，使個人在自由的境域中，發展健全的個性，獲得幸福的生活、充實的生命。尤其是他看到民主政治由於是建立在多數決定的原則上，而恐懼會演變成多數專制的危險，乃強調民主社會的重要，培養接受不同意見，反容忍少數自由的雅量及風度，此一見地當然是極有價值的，事實上民主政治的發展，已經使個人自由益形增加，民主制度已經與自由結下不解之緣，沒有個人自由，民主政治便無以存在。

第八節　約翰・穆勒的貢獻

自政治思想的發展而言，穆勒的貢獻及其重要性，是在於將功利主義及古典經濟的思想予以發揮及修正，尤其是在於他是一位民主自由的鬥士及前驅。他的政治主張表現得更為民主，他對當時政治問題的一般看法，亦較他同時代的自由主義者為遠大，他了解政府的措施都直接的與每一個人發生關係，因此政府機構以及所採行的政策，應由社會中每一個人來控制，這是他完全把握到了民主意識，因此他的思想與今日的民主政治更為接近，其所產生之影響亦深而且鉅。他的自由主義不再是十九世紀初期中產階級的專利品，更不是十八世紀只立足於抽象的自然權利說的聖物。他對於代議制度方面的建議，有許多已經是今日民主制度中確守的原則，另外由於他對於社會制度及整個人類社會進化的各種力量的重視，尤甚於重視政治制度，乃喚起以後的學者在社會科學的研究上，有了多方面努力的途徑。

第十八章　社會主義的產生

當十八、十九世紀之交，產生於英國法國的個人主義及自由主義，曾盛行一時，而同時在德國，卻也產生了唯心主義。個人主義是視個人權利，乃天所賦予，自然享有，神聖而不可侵犯，一切事物皆因個人的需要而存在，個人是為一切中心，因此無論是國家或其他任何社會人群的結合，都應該要配合個人，是從個人的觀點及立場去看國家，國家乃是為個人謀取利益的工具，個人伸出手去向國家要求權利的保障，國家乃為個人而存在，個人卻並非為國家而生，使個人與國家成為相對立的形勢，因此產生出一種成見，認為國家或國家的政府機關權力多一分，則個人權利必少一分，而國家或政府的權力少一分，則個人權利便可以多一分，因此儘可能的務使國家及政府的權力減少縮小，而使個人權利不受到損害，自由更得到保障。相反的唯心主義則是自國家看個人，把個人包涵在國家之內，國家是整體，個人是部份，部份必依附整體而存在，個人是在國家之中，不可離開國家而存在，失去國家，便失去自我存在的依憑，失去個人生命的意義及價值，國家有其莊嚴神聖的意義及目的。這兩種主義，都曾在前幾章裡，有所介紹及評論，惟就英國法國而言，於十八、十九世紀間，法國大革命及工業革命相繼發生，乃使政治思想的發展，更為絢爛澎湃，法國革命高懸了自由平等博愛的偉大理想，而工業革命之後，產生了由政治的平等與民主，更進而要求經濟的平等與民主，乃終於促使了社會主義的興起。

第一節　個人主義的極端發展

在前兩章中，曾介紹了英國功利主義的前後兩位代表人物，即是邊沁與約翰・穆勒，功利主義是為十九世紀中自由主義思想的主流，影響極為深廣，而在穆勒之後，發展至斯賓塞(Herbert Spencer, 1820–1903)，則似已到了終站，因為他的思想，造成了極端的個人主義，事實上個人主義與自由主義雖同出一源，但畢竟是有所區分的，極端的個人主義過份強調個性的差異尊重與放任，而自由競爭的結果，便成為個人英雄主義，抹煞了他人的意志，侵害了他人的自由，尤其是在工業革命之後，那些在經濟上成功的企業家，便是以新的英雄姿態出現，斯賓塞便是這種個人主義發展至極端，最具代表性的一人，在當時也曾發生過廣大的影響。

斯賓塞的思想是屬於進化論派的，他在十九世紀是最早應用生物進化原理來研究社會科學的一人，他曾在一八五〇年出版《社會靜態》(*Social Statics*)一書。他發現一切物質的變化，皆是由一種不定而散漫的單純狀態，變成一定而凝合的複雜狀態，並且進一步的發現，一切動植物亦皆是由簡單而趨於複雜，最後則認為人類社會生活，也受到此進化法則所支配，由原始人類的簡單社會，發達到近代複雜的高等文明社會，同時他把社會如同一般生物一樣的視為一個有機體，其中的工業組織是為營養系統，猶如人體的消化器官，商業組織為分配系統，像人體的循環器官，政府組織則為管理系統，為神經運動器官，而其中之立法機關頗類乎人之大腦。

斯賓塞對於社會與國家的觀念，也如同一般功利主義學者一樣，是混淆無所區分的，因此他所謂社會為有機體，也就是視國家為有機體，本來視國家為有機體，如一般唯心主義者，常要求個人必須配合國家，乃致限制個人自由。但是斯賓塞卻極力主張個人自由，反對政府干涉，他認為每個人皆有其自由行動之權，只要他不侵犯別人同樣的自由權。在他看來，國家的產生，政府的存在，皆由於人類罪惡及自私，如果人之道德水準提高，能夠消滅罪惡，則政府便無有存在之理由，隨同消滅，所以政府不是永久的，是一時的。他相信社會進化的原則，亦將會使政府逐漸消失，因為在最初軍事組織式的社會結合之時，個人係受強制而組合，只有服從的義務，個人利益依附於團體組合利益之下，但當人類進化到工業組織式的社會，是以自由合作為基礎，政府只能有消極的管理權，對外防禦侵略，其次為防止內部侵害人權的事情，如果職權太大，則妨害社會及個人的自然進化。政府只有在保護個人的生命、自由、及追求幸福上，表達其合乎公理及正義的職責，但自然進化而使得個人與社會完全適應時，政府便已無存在之必要，所有立法亦皆變為廢物，斯賓塞對於此進化的遠景是頗為樂觀的。他並且斷言一人之得到幸福，並非由於國家及政府的作為，而是由於放任，政府只能消極的除弊，而不在於積極去增進人民快樂，人民自己做，會做得較好，所以國家及其政府，只能保護權利，而不必去創造權利。

另一方面，斯賓塞對於自然權利說，卻又予以擁護，而認為以往的社會契約說在政治的權力與制度上，雖然缺少歷史基礎，但不失為一理論基礎，這也是他主張限制政府權力的另一個理由，但也因此使他自相矛盾。他的思想是受到自然科學、功利主義以及唯心主義的影響，以致駁雜不清，一方面視國家為有機體，一方面又視之為經簽定合約而成的股份公司，並加以他個人的推論與臆測。但是由於他將進化原理加入其理論的系統，使個人主義的思想一度又大為增進，而強烈的反對政府干涉。他反對一切有關公共的措施，而主張工業、衛生、安全、教育，甚而郵政、造幣等事，都應由私人經營，又由於所謂物競天演，適者生存的原理，在一有機社會之中，凡不能盡其職能自謀生計的份子，自應受到淘汰，所以他不主張國家對貧者或弱者的救濟與扶助。他這種極端的個人主義理論，使得佔有社會優越地位及環境的份子有恃無恐，而使貧弱者受盡壓迫，卻無有呻吟之權利，無視乎「朱門酒肉臭，路有凍死骨」。或認為事屬當然。他對社會主義自然是非常反對，在他看來，一切社會主義都必然包含奴役在內，不應當為了經濟安全而犧牲政治自由，而且他更認為經濟安全也絕對不能增加自由。他這些趨向極端的學說，對社會主義的興起與發展，一定會產生很大的刺激力。不過到了他的晚年，由英赴美，親眼看到了工業社會中，經濟競爭的激烈，他的觀點也有了一些轉變，承認國家有應當加以管理的必要。

第二節　社會主義產生的背景

個人主義的極端發展，終導致社會主義思想的興起。但前面也曾經講過，政治思想的發展，是極為錯綜複雜的，不過卻也都是其來有自，事出有因，絕非無病呻吟，無中生有。而其間交互影響，亦皆是各有因果的，英美法等國的革命，早已揭櫫了自由平等的標的，個人主義自由放任思想，更相得益彰。而繼之工業革命的產生及其產生的過程中，在思想上，也是以經濟的個人主義為前導，並且配合了民主政治的運動，以助其發展，但工業革命之後，出現了資本主義，產生了許多弊端，社會上有了嚴重的病態，於是社會主義乃應時而生。所謂社會主義，其派別甚多，包容甚廣，但其涵義究竟如何，許多學者曾下過定義，但由於角度不同，解說不一。就一般觀念而言，社會主義是以社會公共的力量，來管理一切經濟活動，將生活與享受的各種資料公平分配，以謀求社會全體的幸福為目標。社會主義的思想雖然是為對個人自由競爭的反抗，故著重用集體的力量與方法，以擴大每個人的經濟基礎，但是自上述思想發展的軌跡看來，社會主義仍然是以自由平等為基礎，是民主主義之下的產物。民主的社會主義，為謀國民全體生活的改善，雖主張增加政府的職務，並非增加政府的權力，而使每個人從自由平等的生活中獲得更多的幸福，這是絕不同於馬克思的共產主義的，馬克思的共產主義固然也是社會主義中的一種，也是產生於此一時期，但它是一股反動的逆流，這是我們介紹了解社會主義時，要先加以辨明的。

至於工業革命之後，何以會產生種種弊病，而促使社會主義的興起呢？這是由於生產事業有一日千里的進步，於是工商業發達，財富顯著的增加，新興城市增多而繁榮，工廠制度的成立，則使資本主義得到極為有利的契機，而自由放任的學說，更對之有所助力。資本主義的產生，固然對於生產量的激增，人口之繁殖，及生活水準之提高，人類創造力的發揮等方面，有極大的貢獻，但所造成的經濟上的弊端亦接踵而至，社會病態日愈嚴重，此至十九世紀中葉已極為顯露，是為人所共知的事實。財富固然大有增加，但不為普遍的生產大眾所共享，而卻集中在少數富人的手中，經濟自由，只不過是促成少數資本家擁有特權，去扼住別人的咽喉，這些新貴，既有了雄厚的財力，助長了他們在政治上的慾望與野心，攫取了國會中的席位，制定保護他們財富的立法，於是他們既擁有鉅貲，又握有權勢。而勞工們則因無有資本，僅賴工資餬口，淪入貧困之境，他們每日清晨聞汽笛之聲魚貫而入工廠工作，隨著機器而操作，單調機械，了無樂趣，手工業時代的經驗技藝已無所用，只要付出勞力即可，而雇主們用以購買其勞力的工資，由於欲獲取厚利，復由於貧民眾多，因此購到勞力的工資乃極為低廉，於是工人們常會每日辛苦連續工作達十數小時之久，因為長時間俯身照料機器，致肩背傴僂，此時之工廠空氣污穢不潔，光線不足，工人健康乃大受損傷，而童工與女工受害尤深，因疲乏過度，殘廢與夭折者數字甚大，工作於礦區工廠者，更加困苦，相互以鐵鏈相連，工作於數十百公尺之礦洞之中，而毫無安全與保險救濟的措施。又由於生活枯燥，缺乏家庭歡樂，很容易使人精神失常，墮入歧途，風俗因而敗壞，品格日趨下流。同時失業問題亦相隨而生，人口集中於城市，農村凋落，農業生產也大受影響。至此，個人主義所強調之自由放任，缺點乃日愈顯明，過去所謂「為己即所以為人」，「私人利益並不影響公益，而且是為公共幸福的來源」的這些話，不能再為人所相信。以英國而言，雖然由於中產階級的努力，爭取到若干政治的自由，但是此對於資本家固屬有利，而對於生活在疲憊飢餓之中的勞工，卻毫無幫助，過份重視個人的自由，而未顧及到全體中人人的平等，只知道個人利益的重要，卻不了解人人利益的存在，於是在個人主義達到極點，製造了重重問題時，社會主義乃配合時勢潮流，及環境之所需而產生。

第三節　社會主義的回顧及十九世紀早期的社會主義

近代社會主義之所以產生與發達，固然有工業革命之後的背景，但是在十九世紀之前，卻也早已有人播種，在西方，甚而可遠溯到柏拉圖的《共和國》，中古基督教的若干組織與教義，尤其是十四世紀末英國威克里夫及其門徒們的論說，之後謨爾的《烏托邦》，義大利學者康帕內拉的《太陽之都》。到十八世紀盧梭學說中之因私產制度而發出不平等的憤慨，另外法國學者們如摩里歷 (Abbe Morelly) 於一七五三年所寫的《浮島難船記》(*Basibiade*) 中，想要消滅私產而歸真返樸。馬百里 (Mobby, 1709–1785) 也認為私產制度，使得貧富懸殊，而發生利害衝突及道德敗壞的情事。而表現最激烈的則為巴倍夫 (Francois Noel Babeuf, 1760–1797)，他積極的從事社會運動，認為在財富或經濟機會未能均等之前，政治或社會平等之說，實為空談，當多數窮人為織布縫衣而工作，自己卻衣衫襤褸，另一方面少數不事工作者反而衣豐履厚之時，政府便不過只是以少制多的陰謀集團。他說：「社會的目的是一切人的幸福，而幸福乃包含在平等之中。」這些人的思想言論，對近代社會主義，皆有所影響。而法國大革命後也曾有過若干傾向社會主義的嘗試，其中如財產的平均，用高度的累進稅率徵收所得稅與遺產稅，沒收土地，然後再重行分配，並且單獨科富戶以重稅，日常最為需要的消費品，統一購入而後以實價出售，制定全國標準物價的制度，注重生產的成本及合理的利潤。這些計劃中的制度雖然未能實現，但對以後社會主義思想或運動的發展，自然也有其影響。

國父孫中山先生在民生主義第一講中曾經說社會主義種類之繁多，「不知有幾千百萬，所出書籍，也不知有幾千百種。其中關於解決社會問題的學說之多，真是聚訟紛紛，所以外國的俗語說：『社會主義有五十七種，究竟不知那一種才是的確。』談到十九世紀社會主義之興起，在早期有英人歐文 (Robert Owen, 1771–1858)、法人聖西門 (Saint-Simon, 1760–1825)、傅立葉 (Charles Fourier, 1772–1837) 等人，多具有悲天憫人的人道色彩，態度溫和，而理想高遠，他們為求理想之實現，尋覓一塊土地及人群，以謀其主義的實現，但由於與實際社會情狀相距甚遠，終皆招致失敗，乃被稱之為烏托邦社會主義 (Utopian Socialism)。稍後法

人路易布蘭 (Louis Blanc, 1811–1882)，雖然較前三人已切實際，然其「各盡所能，各取所需」的原則，仍必須有賴道德水準的提高，亦非易事，他於法國一八四八年革命後的共和時期，所設立的國家工場，亦告失敗。另一法國學者蒲魯東 (P. J. Proudhon, 1809–1865)，雖譏笑烏托邦社會主義之虛幻的計劃，但他思想的激烈，已近乎無政府主義 (Anarchism)，其實現的可能性，更屬渺茫。

第十九章　馬克思

馬克思 (Karl Marx, 1818–1883) 的共產主義 (Communism) 之出現，使社會主義起了劇烈的變化，成為世界性注目的思潮，但也帶來了世界性的災禍。他評譏以前的烏托邦社會主義缺乏歷史基礎，忽視階級差異，他們的計劃全屬幻想，而自稱其主義是為「科學的社會主義」(Scientific Socialism)。

馬克思出生於德國之杜里佛斯 (Treves)，系出猶太血統，其父為一律師，但是他不願繼其衣缽，而浸淫於黑格爾的哲學中，一八四一年在耶拿大學獲得哲學博士學位，之後任《萊因新聞》編輯，並開始研究經濟問題，由於言論激烈，為當道所禁，乃出走巴黎，此後一生頗為潦倒，四出奔走迄無固定工作，但熱切的參予共產組織及革命運動。一八四七年十二月，參加在倫敦舉行的共產同盟第二次會議，並於翌年與恩格斯 (Friedrich Engels, 1820–1895) 撰寫了《共產黨宣言》(*Communist Manifesto*)，此一作品與其所著《資本論》(*Capital*)，同為今日共產組織的經典。茲以其主要理論——唯物史觀、階級鬥爭、剩餘價值、經濟危機、無產階級專政，作一剖析及評論。

第一節　唯物史觀

馬克思的思想是以唯物論為其基礎，並且襲取了黑格爾的辯證法廣為應用，改頭換面的組成他的唯物辯證法則。他認為宇宙的本體與一切根源，皆為物質，因此物質決定一切，也當然決定人類的思想及一切生活，由此而產生了他的唯物史觀，亦即是經濟史觀。他以人類經濟生活為主因，去解釋歷史的演進，乃認為每一時代的生產方式，生產工具的改變，亦便使人類的生活方式及一切隨之改變。他這種以物質決定一切，猶如黑格爾以思維精神決定一切，同樣的不能自圓其說。物質環境固然或可決定一部份人類意識及生活方式，但決不能決定人類的全部意識及生活。馬克思聲稱生產方式改變，歷史亦隨之改變，但所謂生產方式為何？其中所包括者，不僅有物質部份，亦有精神思維的部份，工業革命後，由手工生產變為龐大的機器生產，生產方式固然是變更了，但其中企業家的管理、經營，及其甘冒風險的魄力、眼力，亦有其相當作用。即以生產工具而言，固屬物質，農地生產由犁耙變為耕耘機，以致生產效率大增，而發生多方面的影響，但此一改變仍必有賴發明家的運用其聰明才智的創造，犁耙自身絕非能夠變為耕耘機。

馬克思是以科學的社會主義而自詡，然而卻完全未顧及到客觀的事實及歷史的經驗，違背了科學精神，只以他個人的思索，草擬出一個形而上的歷史系統，雖云唯物、科學，實係唯心、主觀武斷而自相矛盾。國父孫中山先生認為民生才是歷史的中心，而民生問題，亦即人類生活的問題，並非僅為獲取麵包，獲取經濟利益，還有另外許多的需求與衝動，如政治的、宗教的、道德的、或藝術的各種需求與慾望，此在人類歷史，均曾佔有重要的地位。由是可知人類的歷史並非單憑物質或經濟而決定，人類問題亦非因經濟利益解決而化烏有。共產主義者總認為一旦共產，財產平均分配，一切問題都可解決，事實上凡是共產極權國家，必然會在政治上有權力的鬥爭，這便推翻了其本身的理論，同時這種偏重物質的思想結果，便忽視了人的價值與尊嚴，所以在以往共產極權國家，人民只不過是生產的奴工，不僅人的自由喪失，人的尊嚴亦蕩然無存。一位俄國反共作家亞木瑞克 (Amalrik) 說：「在俄國歷史上，人永被視為手段，而不被視為目的。」

第二節　階級鬥爭論

馬克思在其唯物的歷史觀中，認為人類歷史隨生產方式的變動而進展，同時這種變動與進展，是依照他所設想的一種正反合的辯證法則逐步向前的，而階級鬥爭則為每一歷史演化過程中，不可缺少的原動力，他在「共產黨宣言」中便說道：「一切有紀錄的社會的歷史，就是階級鬥爭的歷史。」於是他在任何時間空間中，都把人分成相對立仇敵的兩個階級，而鬥爭不已，永不妥協。而當其中一個階級被淘汰消滅後，必有另一新階級出現，逐漸獲得優勢以取代，人類歷史即在此永無休止的鬥爭中前進。

我們認為，事實上馬克思的階級鬥爭論，只不過是把他在當時所看到的一時病態，而擴大為人類全部歷史的動力，削足適履的以配合其正反合的辯證法則，而且在其激盪的情緒中，充滿憤慨仇恨。　孫中山先生對此有很確切的批評，他說：「階級戰爭不是社會進化的原因，階級戰爭是社會當進化的時候，所發生的一種病症。這種病症的原因是人類不能生存，因為人類不能生存，所以這種病症的結果，便起戰爭。馬克思研究社會問題所有的心得，只見得社會進化的毛病，沒有見到社會進化的原理，所以馬克思只可說是一個社會病理家，不能說是一個社會生理家。」　中山先生更指出馬克思的錯誤，是「倒果為因，本源不清」。並不是因為階級鬥爭，才促進社會進化、歷史發展，相反的乃是社會進化發生阻礙時所產生的弊病。鬥爭的結果，只有暴露與增長人類的殘忍，製造仇恨，擴大裂痕，加速破壞，使雙方力量消耗，社會何能得益？所以　中山先生又說：「物種以競爭為原則，人類則以互助為原則。社會國家者，互助之體也，道德仁義者，互助之用也。人類順此者昌，不順此則亡。」

事實上，馬克思只不過是想以階級鬥爭的理論，發生煽動刺激的作用，以製造暴力革命，而使其信徒們迷信歷史有一定的法則，一切他們自己想做的，皆是歷史軌道中必經的過程，乃致階級鬥爭在辯證的法則下，是必然的，也是無休止的，是手段亦是目的，在他們皆是無可置疑的神聖事業。由此可知馬克思共產主義的理論，完全是先驗的而非科學的，所以共產黨的行動是否合理，從不肯就人民能獲得多少福利的觀點作衡量，只反覆的說明它合乎歷史法則，其蠻橫武斷的態度及神秘主義的氣氛，均由此而發生。也因此在共產黨的意識中，無論在其國內或國際間，永遠沒有朋友，沒有對手，只有敵人，不斷的鬥爭再鬥爭，直至埋葬之而後已。

第三節　剩餘價值說

馬克思的剩餘價值說(Theory of Surplus Value)，是由其勞動價值說而來，且加以擴大，以達到他掀起社會革命的目的。

馬克思說：「決定一項物品之交換價值者，只是勞動之數量，亦即是生產此項物品，所必須花費之工作時間總數量。」在他看來一切物品的價值基礎，全是勞動的結晶，其價值的大小，係依照生產時所需勞動量的多少而定，此即是勞動價值說。

進而他認為在此資本主義的社會，勞工們出售勞力，資本家付給工資，如以二十元一日的工資付給一工人，此即一工人之價值，但他如果在二小時內將價值二十元的物品完成，此二小時是為必須的勞動，而超過此二小時之外的勞動則為剩餘勞動，就是剩餘價值，而此剩餘價值皆為資本家搜括而去，而資本家為求獲利，常常更是延長工作時間，減低工資，一方面抬高售價，而使剩餘價值及利潤所獲愈豐。

事實上，馬克思的勞動價值與剩餘價值說，皆出於與事實不符的假設。首先在價值的決定上，並非僅只是由勞動量決定，市場上的供求情況，更佔有重要因素，而對於物品的需要，又常因消費者個人生活背景之不同而差異甚大，何況有許多物品如古物陳酒等，更不是單憑勞動量計值，時間的因素更屬重要。另外單就生產方面而言，一件物品的製成而出現於市場，亦非純由勞動所能完成，其他如土地、機器、資金的運用、企業的組織、以及資本家的經營策劃，均應計算在內，甚而再生產的資本，亦應計入今日物品之內。馬克斯將勞動力以外的一切因素，皆棄而不顧，實在是不合情理的。

勞動價值說既屬不確，則剩餘價值說便也露出了破綻。中山先生曾批評說：「所有工業生產的盈餘價值，不專是工廠內工人勞動的結果，凡是社會上有用有能力的份子，無論是直接間接在生產方面或是在消費方面，都多少有貢獻。」這即是一種社會價值說，是正確合理的。馬克思的理論，純出於抽象的臆斷，情緒的發作，沒有科學的立場，事實的依據，當然不是一個經濟的原理，只不過是作為政治的與社會的宣傳口號而已。

第四節　經濟危機說

馬克思緊接著在其剩餘價值說之後，以一種先知的口吻，推論並斷定由於資本家之剝削勞工的剩餘價值，必定會生產過剩而造成經濟危機，而後便是無產階級革命的到來。他認為這是資本主義發展至飽和狀態的必然現象，是資本主義所造成的自我崩潰。因為在他看來，資產階級是以謀利為其生產動機，所以必然會儘量搾取剩餘價值，乃致減低工資、增長工作時間，使資本愈形集中，中產階級亦逐漸消滅，都淪入無產階級的行列之中。因此勞動供給過剩，人們購買力降低，而物品仍在大量生產而亦致過剩，消費減低，勢必要發生經濟的危機，他認為這是資本主義制度下，所產生的致命病症。

但是我們認為馬克思的勞動價值說與剩餘價值說既非事實，不足為恃，則資本集中與經濟危機說，亦必將落空，在馬克思去世之後的種種事實表現，皆足以證明其所言之虛妄。中山先生曾以美國福特汽車廠的事實去駁斥，福特汽車廠相反的是增加工資、減少工時、壓低售價，並未見影響其收益，反而更有所獲。此不僅福特汽車廠一家如此，所以 中山先生說：「許多事實，在馬克思當時，自以為是料到了，後來都是不相符合。」而資本之集中，亦未如他所料，中產階級的小企業仍然存在，並未消滅。馬克斯固然一方面批評資本集中增加了工人的痛苦，但一方面卻寄望於無產階級專政後，由國家將資本集中，獨佔經營，他反對的是資本制度下現代文明的社會形式，卻未反對其核心。但是資本集中的大企業之優越性，並不是一般的，不是絕對的，而是相對的，並非一定是愈大愈好賺錢，在各種經濟的行業中，各有不同的最相宜之大小限度。而且資本集中與資本所有權集中並非相符一致，由於今日企業發展採取股份原則，資本所有權不僅不集中反而分散，資本所有權與企業經營劃為兩事，一個在馬克思看來是受剝削的勞工，今日卻亦手握股票兼具資本家身份，資本家所有與企業經營皆趨於民主化。

更由於一般國家，逐漸採取「社會與工業之改善、運輸與交通收歸國有、直接徵稅與分配之社會化」等政策，以及制訂許多保護勞工的社會立法、社會福利措施，所以二十世紀的國家，被稱之為「福利國家」，使經濟危機消滅於無形，即使有若干次的不景氣，但亦未曾造成劇烈的階級鬥爭，馬克思的預言，乃均成虛無。

第五節　無產階級專政

依據馬克思的理論，由於資本集中，生產過剩，資本主義發達至飽和狀態必自我崩潰而造成經濟危機，而一方面龐大的無產階級集中在工廠，得到了組織與訓練，使他們階級意識覺醒，乃起而革命，而且這種革命必定是國際性的，並必然勝利而後專政，實行共產主義。但事實上，今日凡是曾採取共產制度的國家，原都是生產落後的國家，第一個在二十世紀初葉產生的共產極權國家——蘇俄，便是顯著例證，當時其農民佔全國人口的五分之四，何曾有龐大的工廠，及眾多的無產階級工人？馬克思的理論與實際全然矛盾。

即使依馬克思自己的辯證而言，亦不能自圓其說。因為依其所說，每一歷史階層中，都不可避免有階級鬥爭的原動力存在，則無產階級專政之後，亦不免有其內在的矛盾，仍不免有對立的階級起而與之鬥爭，專政的無產階級，亦將成為被革命的對象，而應被其正反合辯證的歷史洪流所吞噬。但是馬克思的辯證與鬥爭的歷史，到此卻突然停頓，是實在不可理喻的。

或謂無產階級專政之後，即是階級的消滅，便不再有階級的鬥爭，馬克思亦曾作此預言。但果真如此，則其對自己的理論無法交代，是自相矛盾。事實上在蘇俄及一般共產政權之下，真相並非如此，雖然當一九三六年在蘇俄的新憲法公佈時，史達林 (Joseph Stalin, 1879–1953) 即曾宣稱剝削階級已不存在，而實際上卻另有內幕，乃是一個史無前例的新階級出現，那便是蘇俄共產黨，其剝削迫害、專制殘暴，較之以往任何統治階級皆有過之。

因此所謂無產階級專政，實乃自欺欺人之談，事實上係共產黨取代無產階級而專政。馬克思早已表示，共產黨是一切國家工人階級中最果敢的一部份，對於無產階級運動的方針最為了解。列寧 (Nikolai Lenin, 1870–1924) 亦聲稱共產黨是勞工階級中最前進，最具有階級意識及最革命的部份。史達林更斷然的肯定，在蘇俄只有共產黨一黨的存在，共產黨可以為無產階級的工人和農人的利益，勇敢的保護到底，甚而將此原則載之於憲法。但是共產黨自有其嚴密層疊的組織，由少數人組成之核心份子所把持，而此核心復由其中的獨裁頭目所壟斷，史達林與其後繼者，以及一切共產極權國家的首領，他們權力之大，都已超過歷史上所有獨裁暴君，此並非由於史達林等人為梟雄之士所產生的偶然現象，並不因彼等之死去而稍變，實與其共產主義有先天性的連鎖關係。故所謂無產階級專政實即是極權的獨裁專政。

最後，依馬克思的理想，無產階級專政也不過是一過渡時期，是手段不是目的，其最終理想目標乃是國家消逝，進入共產社會的天堂。但是他對此一天堂的構圖，是極粗略、模糊而空洞的，僅不過提出了「各盡所能，各取所需」一句標語而已。天堂的美景，只是給人一個幻象，一個不得實現的縹緲目標。

第廿章　各主要社會主義

第一節　國家社會主義

十九世紀中葉以後，英國及法國的社會主義思想已逐漸的傳佈到中歐，尤其是在一八四八年之後，普遍的革命運動，更觸發了一般國家的社會主義思想發展，於是國家社會主義(State Socialism)乃產生於工業發達稍遲的德國。

簡言之，所謂國家社會主義，是主張把生產工具集中於國家，由國家管理生產及分配。國家社會主義者認為古典經濟學派之公私利益相一致的看法，與事實不符，放任的經濟政策，只造福少數資產階級，形成貧富懸殊的不平等現象，乃主張賦與國家立法行政之極大範圍，廢止私人的自由競爭，將資產階級握有的產業，集中於國家，由國家管理，以達到經濟分配的平等。並且德國的一般國家社會主義者，又深受到黑格爾派國家學說的影響，所以對國家極為信任，願意將改造社會的責任，置放在國家身上。

洛柏圖斯(Karl Johann Rodbertus, 1805–1875)是為德國國家社會主義的創始者，視國家社會為分工所造成之有機體，惟不相信自然法有何裨益，國家是為歷史之產物，其組織之確定非由於無意志之自然，而實由於其本身中個體之努力。國家既為一有機體，所有其中個體是為整個有機體的部份，故所有每個人應貢獻自己，努力去做關乎國家目的的事情。於是他根據此一觀念，以為關於國民經濟的組織，不該屬於不勞而獲的資本家個人，一切個人應直接一律平等的隸屬於國家，不應該使人成為資本家私人的工具。

洛柏圖斯更認為依照歷史的進展階段，現在的社會組織已到了必須改革的時候，應當將土地及資本歸於國有，使人們合作互助的去從事生產，並且由國家分配。凡欲獲有分配者，必須參予生產，而以勞動的成績，去謀有報酬，因此可使生產物與人們的欲望相一致。由此可見，他亦重視勞動價值，他希望能增加勞動者之收入，不使勞動受到市況漲落的影響，而能與其他的人共享同一的幸福。於是他有三種設計：①依勞動之多寡決定貨物的價值。②以勞動券支付工資。③設立貨物貯藏所，以備持有勞動券者交換其所需物品。如此則勞動者之生產，不致為人所掠奪，社會即可實現真平等。

拉薩爾 (Ferdimand Lasalle, 1825–1864) 是德國推行國家社會主義最具影響的人物，他是一個實際的運動者，德國的社會民主黨是經由他的努力而創立。他根據唯心派注重國家的理論，來反對個人主義的經濟學說。認為國家之成立，乃是人類共同奮鬥的歷史過程之結果，孤立無助的人，不可能獲致任何成果，必聯合一致才能勝利，此類聯合即為建設國家的基礎，人類必須經由國家，才可以達到高等文化，增進幸福。

拉薩爾主張關於經濟生活應為政府干涉之範圍，不可任由私人去做，他想要借用國家的力量，建設一個財產公有的平等社會。為達此目的，應由工人們自己組織政黨，爭取普選權利，促使民主政治的實現，直接參政，是要用和平與合法的方法，去獲取政權。他不同意用武力革命的方式去實現無產階級專政。

斯泰因 (Lorenz von Stein, 1815–1890) 亦為德國具有影響力的一個國家社會主義者。他將社會國家作一區別，認為社會組織係基於自私自利之原則，每個人欲犧牲他人以實現自己的目的；國家組織則在私利與公益間求調和，保護自由並求得公眾幸福，國家乃代表有意識的智慧之企圖。社會的與政治的勢力之間固然有不斷的衝突，但是他相信經由國家之適當組織與職權之逐漸擴張，可以獲致合理的解決取得自由與正義。所以他不信任革命，而應由社會民主政治之成功以達到改革目標。他主張勞工階級應自教育與普及選舉作開始，以取得國家統治權，並應從事廣大的立法政策，以脫離資本階級的支配。

第二節　修正社會主義

修正社會主義 (Revisionism) 雖以修正馬克思主義為名，但實際不啻根本推翻馬克思的學說，此由於各國事實發展，皆未能與馬克思所預言者相符，使原來信仰馬克思的人，乃至懷疑而異議，要另覓途徑，與現實配合以循序漸進。此種修正思想在十九世紀末及二十世紀初之時，極為流行，而以德國之表現最為熱烈，理論最為充足，但是真正的完成系統，還是在柏恩斯坦 (Eduard Bernstein, 1850–1932) 的著作《社會主義的前提與社會民主黨的任務》(*Dle Veranssetzungen des Sozialismue und die Aufgaben der Sozialdemokratie*)。

柏恩斯坦對於馬克思主義的重要理論，俱一一予以批評，當然對於因其理論所產生的暴力革命，也極力反對而必須加以修正，而主張用緩和漸進的方法，實行一種民主化的社會主義。循民主合法途徑，由爭取普選權下手，以正常的立法逐步的實行社會主義。他發現馬克思的論說中，實仍存在有烏托邦主義的餘燼，因為在馬克思的著作中，從未有對合法及暴烈行動的結果，有比較的及系統的研究。革命暴動的方法雖較迅速，但卻是消極的；立法途徑是緩慢而妥協的，但卻還是積極的。立法之時，是理智勝過感情，革命之時則情感勝過理智，雖欲速而不達；立法雖有遷延遲緩的毛病，但表現出一種有系統的能力，可以給人更大的及持久的利益。

柏恩斯坦亦不贊成立刻將一切工業社會化，因為那是不可能的事，政府需要何等的判斷力，具備多少的實際智識，及多少管理人才，才能管理及統治整個國家的龐大機體。如果在許多技術上的問題不能解決，實際上是換湯不換藥而已。他主張在推行社會主義的初期，可採取合作社的方式，及期望於工會運動的成功。另外他主張為使普選權發揮真正的效力，應先在教育上求發達。最後他相信他這種民主的社會主義，是與自由主義相合的，所用的一切方法及目的，都在於發達與保障自由的人格，即使有許多方法在應用時，含有強制性，但目的仍為保障自由。他甚而認為社會主義哲學的理想中，包含有一切自由。不過在他看來，自由與責任的關係極為密切，沒有責任，便也沒有自由，有工作能力者，應有其經濟責任，否則健全的社會生活，不可能建立。所謂責任，是希望人們對社會給予他的恩惠有所報答，但社會因此亦應竭力設法，使各人能按照其才能志趣去得到工作崗位。人們有工作的義務，亦有工作的權利。由此可知社會主義並不給人約束，而給人自由，但不是無政府主義者形而上的自由，是要在組織中產生，於是他認為可以把社會主義視之為有組織的自由主義。

第三節　費邊社會主義

費邊社會主義 (Fabian Socialism) 是為社會主義中最為溫和的一派，其產生於一向保守漸進的英國，是理所當然的。英國雖然在工業方面是最先進的國家，但社會主義思潮的實際產生及發展，卻要遲至一八八〇年之後，此由於英國的傳統，一向少有激烈的變動，和平漸進為政治上確守的原則。故費邊社會主義者的態度是慎重的、務實的、堅守遲緩原則，相信和平漸進是社會改革的最適當步驟。

費邊社 (Fabian Society) 係成立於一八八四年，社中包括當時社會最優秀的人才，主要有韋布 (Sidney Webb, 1859–1947) 及其夫人帕忑爾 (Beatrice Potter, 1858–1943)、蕭伯納 (George Bernard Shaw, 1856–1950)、威爾斯 (Herbert George Wells, 1866–1946)、貝山特夫人 (Annie Besant, 1847–1933) 等人，均為學識淵博之士。他們發行小冊，廣為宣傳，一八八九年所出版的《費邊論文集》(*Fabian Essays*)，為一集體創作，可代表他們的思想。

費邊社會主義者視社會為一有機體，與其他有機體一樣是逐漸成長及發達進化的，其間有連續性，在不知不覺中漸進。社會中的制度，如果達到不能適合社會的程度，自然有其他新的原質逐漸成熟，以替代舊制度，正像生命中細胞的新陳代謝一樣，在不停的慢慢改變。此為社會變遷的常態，社會進化的正軌，循此順序前進，可以得到圓滿的發展，如越出正軌而求突變，社會必受巨大損害，故從事改革運動的人，必須明瞭此一原則，使社會各部份逐漸的除舊換新，否則改革目的尚未達到，而社會本身元氣大傷，有害無益。他們極反對劇烈的革命，只承認緩和政策才是改革社會，逐漸達於圓滿途徑的唯一方針。他們根據專門的研究，去了解經濟及社會生活的一切現象及問題發生之癥結，設法與各種社會密切接觸，使各社會能抱有同一意見，由社會管理社會所創造的價值。他們不作階級意識的宣傳，所以他們不但周旋於工人代表之間，亦與資本家相往返，去解說急驟革命的不可能，只有逐漸的改良，才能使社會進步。他們亦了解法制與行政，將所獲得的智識貢獻於政府，實際去執行。

至於費邊社的具體主張，可歸納為兩點：

(1)所要求的是土地國有及資本國有，尤其是主張土地國有。

(2)在政治方面所要求的是一個代表社會全體的民主政治之國家。

費邊社會主義者不但創立了一個進化社會主義的理想，而且在實際的社會改革運動中，亦造成不少成績，他們努力工作的結果，使勢如狂濤的馬克思主義，在英國不能發生效力，而配合民主政治，依循序演進的方式進行，對於英國之社會貢獻甚大。他們的思想對勞動者曾發生很大的影響力，勞動者應獲得公平報酬的政策，雖非費邊社所首創，但卻不能否認其宣傳之有力，使原為一種理想的政策，漸漸變為具體的事實，使能力薄弱的勞動界，得到了有力的扶助。

第四節　基爾特社會主義

基爾特社會主義(Guild Socialism)，亦產生於英國，在第一次世界大戰前後十數年間，曾盛極一時。「基爾特」一語，原為中古時期一種同行業組合的稱謂，為當時經濟性的社團。一九〇六年基爾特社會主義者潘悌 (A. J. Penty) 著《基爾特制度之復興》(*The Restoration of the Guild System*) 一書，讚美中古時期的同業組合，要恢復那種在生產上實行自治的制度，同業者自己佔有生產工具，自己決定生產的性質及數量，以增進勞動者的福利。自潘悌之著作問世之後，引起許多社會主義者的注意，一九一二年奧萊吉 (A.R. Orage) 創辦《新時代》(*New Age*) 雜誌，更廣為宣傳鼓吹，信從者日眾。一九一五年「全國基爾特聯盟」乃告組成，實際的運動，有力的推廣開來，但由於一次大戰後，工業普遍蕭條，至一九二五年而解散。基爾特社會主義的主要人物，尚有霍布生 (S. G. Hobson) 而尤以柯爾 (G. D. H. Cole) 最為重要，著述最多。

工業自治是為基爾特主義最主要的主張，他們深感到議會政治不能為生產勞動者謀利益，因此想要把生產事業，交由生產者自己支配管理。其所持之理由，就是生產勞動者對於自己有利害關係的事，了解最為深切，如由別人越俎代庖，不但無益，反而有害。另外他們又有一種「職能原則」的理論，認為各種職業團體單獨組合以後，可以更能發揮其職能，使社會價值有充份的發展，社會結合更見和諧。他們所希望實現的社會，是一個包括許多職能不同的團體之複合體，在此一複合體中，各團體可為其各自目的自治管理，增進其福利。

他們亦如同一般社會主義者一樣，反對在資產階級操縱下的工資制度，自治的基爾特組織完成之後，每個勞動者、無論是勞力者或勞心者，都不再是資本家可以用工資去購買的物，而是有機會去發展其健全人格的人，他們不但在有工作能力和健康時能得報酬，就是在失業和患病時亦有保障，他們共同管理他們的生產機構，及共同享受他們的生產所有。

每一個基爾特組織，即是一種公社，為社會的一個單位，其中所包括的，乃是有一共同目的而互相依賴的人，負起對社會的某種責任，他們有完全的自治權，在他們團體內的一切管理，是根據民主精神，自己選舉主管指導的人，如果此種人選需有專門技術及智識，當另有限制範圍。總之能以民主方式選舉經理人才，使他們與勞動生產者充份合作，去服務社會，而不再為利潤打算。這種基爾特組織，有工業基爾特，普通基爾特，及消費基爾特。各種基爾特相互之間的事務，可採取聯席會議的制度去協調解決。

第五節　無政府主義

近代無政府主義 (Anarchism) 之首倡者為英人高德文 (William Godwin, 1756–1836)，繼之蒲魯東加以發揚光大。後起者在理論上，大致可分為個人主義的及共產主義的二種，前者最著名的人物為斯特涅 (Max Stirner, 1806–1859)，後者則以巴庫寧 (Mikhail Bakunin, 1814–1874)、克魯泡特金 (Prince Kropotkin, 1842–1921) 二人為代表。

斯特涅是德國人，受到黑格爾哲學的影響，而傾向於人類精神絕對自由的理想，但卻過份重視「自由」此一神聖名詞，因此無論專制的政府，或獨斷的基督教，及共產主義等，均不能與其自由的要求相配合，甚而認為家族、國家、社會皆為抽象不實的名詞，而所謂人道、善良、純潔等觀念，尤為虛幻，只有個人是真正實在的。每一個人皆有其獨立的、原始的勢力，每一個人都有權利為所欲為，任何一種利益，只要是事實上可能的，均屬正當，猛虎噬人是乃猛虎之權利，人設陷捕虎，亦就是人的權利，所以他認為力量就是權利，並且沒有無力量的權利。

斯特涅實在是一個最極端的個人主義者，思想之偏激到令人驚奇，除自我以外他不願承認一切，唯我為最尊，我之外無有任何權利和真理，他要推翻妨害個人的勢力，無論是國家、政府、上帝。擊破一切組織和制度，實現各人絕對的自由，過一種「自我聯合」(Union of Egos) 的生活，各人為自己彼此而聯合，達到個人的滿足。

巴庫寧與克魯泡特金皆出身俄國貴族，一生流亡國外，彼等亦注重個人權利及人格之充份發展。但反對斯特涅那種自私的極端個人主義，而崇尚人道思想，相互善意與人人平等共處是為其重要主張。他們固然亦重視自由為一切人類進化的主要目的，但所要求的是社會中人人的自由，彼此的互相尊重，而非著重於一己之自由。巴庫寧認為必須人人有了自由，個人才會有自由，自由不是一件孤立的事實，乃是相互間善良意志的結果。克魯泡特金亦認為你如何對人，人即如何對你。己所不欲，勿施於人，己所欲者，則應先施於人。

這種自由的觀念，是與斯特涅大不相同，但由於重視人道的自由，也同樣厭棄國家政府及威權。他們亦如一般社會主義者，反對私產，並且亦歸罪於政府，因為法律之目的，無非是在保護私產，政府的真正職能，盡在於此。

他們既憎恨政府及私產，乃主張無政府和共產。所希望實現的是一個沒有權力，沒有壓迫而由人們自由訂約組織的新社會，以互助合作為唯一條件，此一理想，係來自人道的自由平等觀念，個人與社會有密切的連帶關係，只為一己之私，不推己及人是不可以的。個人既是社會的一員，應增進社會全體的利益，因此便要互助。克魯泡特金在「互助論」(Mutual Aid) 發現凡能合群互助者，則生存發展的機會更為優越。

在他們理想的新社會中，實行共產，但乃是一種自由的共產主義，真正實現經濟自由與政治自由，使個人與團體間以自由契約相結合，以互助協定替代法律。無政府主義的理想固然是美好的，給人一個高遠的境界，然而亦不免有如烏托邦之虛幻。

第六節　工團主義

工團主義 (Syndicalism) 產生於法國，其所依據的組織，是一八九五年所成立的「勞動總聯盟」(Confederation General du Travail)，乃是由以往的工人組織演變結合而成。最重要的理論家，當首推索勒爾 (George Sorel, 1847–1922)，其主要著作是《暴力論》(*Reflection Sur la Violence*)。

工團主義的目的，是要以勞動者的團體組織來支配社會一切事務，根本的推翻資本主義的經濟組織，取消任何階級的支配，由各職業的工人聯合起來，直接謀求全體福利。所以他們極端反對國家及政府，認為國家乃是資產階級之組織，因此他們亦如馬克思一般，自國家性質視之，是為資產階級所利用的統治工具，使人官僚化，對於實際生產者的需要與希望，永不會表示同情，無論任何國家的政府及社會制度，對於勞動者皆屬不利，勞動者的需要，只有勞動者自己才能了解，因此一切政治事務，可由勞動者自己管理，國家是不必要的。工團主義者由於反對國家政府，甚而亦反對愛國思想，主張國際主義。工人是沒有祖國的，工人的國家就是他們的工廠，全世界的工人應當聯合起來，脫離資產階級的苛政。

工團主義者接受馬克思階級鬥爭的理論，但不願坐等資本主義的自我崩潰，或是採取政治的手段去進行。他們最主要的主張是直接行動，用總罷工、怠工等手段去擊潰資產階級。尤以總罷工為致命利器，平時的一般罷工可視為一種演習訓練，為鞏固組織，激發熱情的手段。罷工的目的不只是要求資方改善待遇，而是要把整個勞資關係打破，獲得工人的完全解放。罷工即是停止工作，並用暴力恫嚇怯懦的資方，使資本主義呈現痲痺癱瘓狀態。索勒爾由於重視罷工的奇效，甚而可將罷工視為基督教所言耶穌基督再降世的神喻一般，給工人一種堅強的信仰，熱切的企盼，可以產生一種不可思議的神奇力量。

但是工團主義以罷工為手段，只是破壞的而非建設的，只願意從事直接行動，而不問後果。索勒爾並讚美暴力罷工的道德意義，直視罷工為神聖事業，以致使手段變成了目的。事實上法國並未見有總罷工的實現與成功，而隨著一次大戰爆發，由於種種外在的及內在的原因，工團主義終告變質而結束。

第廿一章　法西斯主義

第一節　法西斯主義的興起及其性質

第一次世界大戰後，在義大利及德國，所產生的法西斯主義 (Fascism) 及納粹主義 (Naziism) 最初是對共產主義而發，另外也是對個人主義的一種反擊。一次世界大戰結束之後，無論戰勝國或戰敗國，都嚐到了戰禍的苦果，尤其是義大利與德國，最受到威脅。義大利雖為戰勝國，但他們卻聲稱是戰爭的勝利者，卻是和約的失敗者，經濟陷入危機。德國由於戰敗，飽受政治的和經濟的壓迫，更容易激起反抗的心理，及湧出強烈的民族意識，一般人民生活窮困艱難，中小資產階級他們深感通貨膨脹及經濟不景氣所帶來的痛苦，一方面受到資本家及統治者的壓力，另一方面也懼怕共產黨所領導的無產階級的陰影，而資本家尤其懼怕共產主義的侵入。法西斯主義初起時，都曾自稱為社會主義，墨索里尼 (Benito Mussolini 1883–1945) 原本即是一個工團主義者，希特勒 (Adolf Hitler, 1889–1945) 也自稱其政黨為「國家社會主義德意志勞工黨」(National Socialist German Workers Party)，他們吸收到一些勞工，但實際上，他們亦拉攏資本家，以致使他們能左右逢源，而平地崛起。

無論義大利或德國的法西斯主義(納粹主義實亦即法西斯主義)，都是產生於不景氣的貧窮與騷亂之中，惟就思想理論言，兩者均無一完整的體系。事實上，他們重視行動而輕理論，是行動在先，然後再以理論配合。即使亦有若干理論，但也是片段零碎的，不相連貫而相互抵觸。他們只是被狂熱的情緒所驅使，類乎歇斯底里式的高喊口號。但探究其思想，畢竟有其淵源，甚而可遠溯早年文藝復興時的馬基維里及宗教革命時期的馬丁路德。此後盧梭的浪漫主義，及受盧梭思想影響甚深的德國唯心主義，都給予法西斯主義者許多啟示。斐希特・黑格爾的國家理論，以及嘉萊爾 (Carlyle, 1795–1881)，叔本華 (Schopenhauer, 1778–1860)，萊脫契凱 (Treitschke, 1834–1896)，尼采 (Nietzsche, 1844–1900) 等人，可能都給予法西斯主義若干理論基礎。而其共有特點，即在於重意志力，不注重認識，重權力輕快樂，武力勝於辯論，戰爭勝於和平，貴族高於平民，宣傳的謊言優於客觀的事實。因此使法西斯主義反理性，反民主與平等，崇拜英雄，歌頌戰爭，而在民族仇恨下滋生出褊狹而狂熱的民族主義，發展成為對世界權力的貪婪與野心。

第二節　法西斯主義思想的內容

茲將法西斯主義思想，綜合數點以剖析之。

(一)反理智主義：

反理智主義是為法西斯主義的基本精神，因此他們蔑視理性的論辯、冷靜的分析，與客觀的真理，此在墨索里尼、希特勒的言論中，隨處可見。希特勒說：「一個精力充沛的人物，其價值勝過一千萬胡言亂語的知識份子。」他們重視的是本能與直覺，喜愛農夫的單純質樸，以及原始的感情，果敢的意志，斷然的行動，用鐵與血去獲致真理，他們希望的是文藝復興以前的那種中古式的信仰。墨索里尼在其所著《法西斯主義之社會及政治原理》(*The Social and Political Doctrine of Fascism*) 中說：「法西斯主義顯然缺乏那種有美麗的定義，有精詳的解釋，有標題有節目的理論，但我們有一件更重要的東西——信仰。」為達到一單純信仰的目標，便需要宣傳，德國的國社黨在此一方面尤勝於義大利的法西斯。而事實上他們之注重宣傳，就是對群眾撒謊。希特勒在他所著《我的奮鬥》(*My Struggle*) 中說：「就宣傳而言，對象民眾愈是廣大，則理智內容應愈低微。……所含理智愈淺，所牽情緒愈多，則所得效果愈大。」他認為民眾心理簡單，接受大謊要較之接受小謊，更為容易，同時簡單及約定範圍，重覆的運用口號標語，是為宣傳成功的原則。

法西斯主義之讚頌武力與戰爭，乃是必然的。墨索里尼在「法西斯主義之社會及政治原理」中說：「法西斯主義不但認為永久的和平不可能，並且認為不必要。只有戰爭才能使人類的能力達到最高度的緊張，才能使一個勇敢的民族得到高貴的光榮。」希特勒在《我的奮鬥》中則說：「戰爭屬於永恆，戰爭屬於普遍。並且無所謂開始，亦無所謂和平。戰爭就是生活，任何爭執就是戰爭，戰爭是一切事物之起源。」因而他們也同樣主張英雄主義，而反對平等與民主。墨索里尼說：「法西斯根本反對多數人只因他們是多數就可以統治人類社會，它反對用按期選舉的方法所得到的一個數目就可以成為政府，它堅決主張人類那種永久不變的不平等，這種不平等是有利於人類社會的，絕對不能用普選的機械方法而勉強使大家永遠平等。」他們認為民主政治的平等，是荒謬而虛偽的，而評譏多數統治及投票選舉的制度。

(二)極權的國家：

法西斯主義對於國家的基本觀念，與民主主義和共產主義均不同。依法西斯主義的理論看來，國家本身就是一個精神道德的事實，因此將國家視為絕對，而一切個人或團體，與國家相比，只是相對，國家本身具有意志與人格，是一個倫理國家，一個倫理實體。墨索里尼說：「照法西斯主義所想像和建立的國家，本身就是一個精神道德事實，因為其政治、法律、經濟組織皆為具體事物，不僅如此，此種組織自必在其起源與發展之中，成為整個精神之表現，國家乃是對內對外安全之保證人，經過數百年在語言風俗及信仰之中的滋長發育，國家也是民族精神之保管者與傳遞者。國家不僅是現在的，亦是過去的，而且更是將來的。只有國家才能淩駕個人生命短促的局限，以表示國家積極的道義，國家的形式可以改變，但國家的需要永遠不變。只有國家能化育其國民於文明道德，能將使命意義賦予其國民，使他們自覺其所負之責任，使其團結一致，公正的調和他們的利益。國家觀念如果低落消沈，一般人或個別團體如果趨向分崩離析，則民族國家亦必正走向衰敗沒落。」依此而言國家並不是只關心人民生活安全的守護者，也不是只為物質目的的經濟利益而設置的機構，如只為某種程度的安全或繁榮，一個行政機構便可做到，亦即是說國家並非人民的工具，或是某種工具，而是其本身即為目的，相反的人民才是工具。

因此法西斯主義的國家，乃是一個整體，一個道德的、政治的、經濟的整體，具有生命、目的，一切個人與個體，須遵從國家整體的目標。在法西斯主義下的人，是屬於國家及其祖國的個人，而絕不是一個人為一個單位，乃是一代又一代為單位，將個人與代代結合為一個傳統，一個任務，個人應當壓制其獲致一時短暫的歡樂，以便在其責任範圍內，獲致一種超越時空限制的更高超的生活。在此種生活中，經由克制自己，犧牲私人的利益、生命，提升個人生命的價值。國家乃是一個有生機的整體，作為部份的個人只能生活於國家整體之中，離開國家便毫無價值可言。因此法西斯主義反對民主主義為了個人利益而否定了國家的價值，同時亦反對共產主義的階級鬥爭，無認國家在一個領袖下各階級的統一。法西斯主義以新的有機觀和歷史觀以取代舊的唯物觀及機械觀，建立個人為國家服務的新觀念，以取替國家為個人服務的舊意識，個人是工具，國家才是目的，以國家權利代替個人權利。以法西斯主義者言，十八世紀是將個人從國家中救出來，二十世紀則應將國家從個人中救出來。

就以上所言，法西斯主義對於民主主義之重視自由與人權，均認為是陳舊朽腐的思想而予以拒絕，因為此皆立於唯物論的個人主義。法西斯主義更認為個人自由實乃緣起於社會，而係由國家所賦予，故自由應著眼於社會利益及國家情況所許可的範圍內，除此而言，個人自由是毫無價值的，因為自由可導致派系主義的發生，故必須增加國家權力以消滅自由，個人的一切活動，要受到國家的控制，一切反映個人利益的制度，必須應由代表國家利益的制度以取代，國家必須管制一切。因此國家不可有兩個或兩個以上的政黨，那顯示大眾對國家問題及政策的分歧與衝突，應該僅有一個政黨，其他的必須予以消滅。義大利法西斯主義之理論家項蒂爾（Giovauni Gentile, 1875–1944）在其所著《法西斯主義哲學基礎》(*The Philosophic Basis of Fascism*) 中表示，國家與個人是一而二，二而一的，兩者同是一個組合物的不可分離的因素，國家與人民自由，構成一個連續無縫的圓，其中權威以自由為先決條件，自由亦以權威為先決條件。蓋因自由惟在國家之中始得存在，而國家意識即為權威，而國家權威是絕對的。

在此種理論下，國家必然是極權的，而極權的範圍不只限於政治組織及政治動向，而是有關整個民族國家之意志思想和情感，乃至於人民生活的全部。

㈢優秀種族論：

法西斯主義由於反理智，反對審慎的分析及客觀的真理，而重視直覺及單純的信仰，因而他們理論的基礎，便常建築在一種「秘思」(Myth)上。所謂「秘思」是一種若有若無，似真似幻意識中的存在，但是它卻包含著具有價值意義的種種信念及想像，它雖然不必有確切的根據及客觀的證明，但它給予人直覺上的信仰，產生一種熱情與勇氣，無形中支配社會人心，甚而導引國家發展的動向。義大利的法西斯主義相信其為羅馬帝國的後繼者，而以恢復羅馬的紀律統一與光榮，為其神聖使命。德國的納粹主義則更製造一種優秀種族論，滿足其自負狂妄與貪婪，以遂其侵略擴張的帝國企圖。

德國的納粹主義與義大利的法西斯主義，在思想理論上頗多類同，惟在對國家觀念上有其差異，如前項所言，後者認為國家是目的，而前者認為國家是工具，但也並非以人民為目的，而是以民族為目的。希特勒在其《我的奮鬥》中認為：「國家猶如容器，種族則為其內容，國家之最高目的，乃在於盡心竭力保持其種族的各項原始基本因素，創造一個更高人道的華麗與尊嚴。」但納粹主義固視國家為工具，民族是目的，但依然是崇揚國家，同樣的擁有籠罩一切的極權。

納粹主義既以民族為目的，便認為民族至上，而且各民族中以德意志所屬亞利安族(Aryan)至上，是為全世界最優秀的人群民族。為此他們便創出一種秘思，其最主要的理論家羅森保(Alfred Rosenberg, 1893-1946)曾著《二十世紀秘思》(*The Myth of the Twentieth Century*)一書，特別闡揚此一論說。在他認為整個人類歷史，便是一部種族鬥爭史，優勝劣敗，強者必統治弱者。歷史證明亞利安族是為最優秀民族，此一民族發祥於北歐，其中有一部份移居於印度、波斯、希臘、羅馬等地，這幾個古文明國的文化，皆為亞利安族所創造。為使今後人類歷史更輝煌的發展，必須保持亞利安族的純潔，而劣等民族則應予以淘汰消滅。納粹主義者最為痛恨猶太人，他們認為世界人種中，白種人最優，黃種人次之，黑人最劣，而猶太人則為類似黑人 (Negroid)，而猶太人使種族混雜，煽動國際陰謀，對於財富更是無恥的貪婪。他們乃視猶太人為公敵，立志要使其滅種，因而在二次大戰中有屠殺六百萬猶太人的最不人道的殘酷記錄。

為配合其優秀種族論，及其征服世界的野心，而又有「生存空間」(Lebensraum) 的一套理論。這是德人郝斯豪佛 (Karl Houshofer, 1860–1946) 根據英國地理學家馬金德 (Halford Mackinder) 所倡「心臟地帶」而修正倡出。所謂「心臟地帶」係指歐亞大陸而言，馬金德認為誰能控制此一心臟地帶，便能支配世界，而此一地帶之控制又以能否控制東歐為定。郝斯豪佛乃採用此一理論，贊成德國應向東方擴張。他認為德國缺乏生存空間，必須向東方擴張其領土，並且主要以俄國為犧牲對象，希特勒的攻佔路線，便依此而定，而使「血統與地緣」成為當年德國最流行的口號，研究地緣政治學是為學校中不可或缺的課程，而其結論是優秀的德國人有統治世界的權利，有德國人處便是德國。希特勒說：「世界的和平，絕不是用那些滿臉淚痕的婦女的撫摩就能達到的，必須有賴一個有統治能力的民族，以武力戰勝了世界之後才可以達到，用武力征服了世界之後，才能產生更高的文化。」

(四)獨裁的統治：

納粹主義者雖肯定亞利安族優於其他民族，但此並非表示亞利安民族內各份子一律平等，各種族間既不平等，則種族內每一份子亦不平等。他們認為人類天生即不平等，民主主義之最大錯誤，就是企圖消滅個人間之差異，而使之平等，實際上民主制度下的人民，僅只是代表自私自利的相衝突。國家應當承認不平等的真實性，並應配合此一原則而設計其組織機構，統治系統，優秀份子應屬於一特權組織，他們是為統治階層，一般群眾則必須服從其領導，群眾缺乏推理的能力，不能了解國家諸多問題的複雜性。無論希特勒或墨索里尼都是蔑視群眾，但卻都知道利用及煽動群眾。至於優秀份子，他們在為生存而競爭時自會出人頭地，他們應當組成一個政黨，以鞏固其權力。

在淩駕於優秀階層及群眾之上的，則是最高領導人物。在所有法西斯主義國家的教條中，最高領導者所居高位，並非僅止於政治地位，希特勒之所以藐視總統或總理等官銜，而採用「元首」(Der Fuehrer)，是表示領導者總攬一切，一切權力集於一身。元首不止是為全體人民的代表，而是整個民族一切屬性的化身，他可以代表全體人民發言，而永遠代表人民最真正的意見，他制定及審查法律，他將行政權、立法權、司法權均掌握手中。在元首之下，固然仍有他的許多屬下擁有若干權力，可是他們要完全對元首負責。希特勒設置由忠貞黨員所控制的司法機構，以及秘密警察(Gestapo)，主要任務在審判政治案件，他們本身即是法律，其行為不受法院審判。

元首之所以總攬一切而獨裁，因為他不是議會政治的多數代表，也不是某一特殊集團的代表，只是有執行他人意見的義務，那樣將降低了元首的地位，元首是頭腦最清晰的人，他可將人民純粹的感情化為有意識的意志，他個人可擬定人民集體的意志，俾使國家統一於一尊，以消泯人民間相衝突的私自利益。

因此一切權力集中於元首，他制定一切法律，提出及實現偉大的目標，擬定一切運用民族力量的計劃，他有權要求全民的通力合作。沒有任何事務不在元首及國家權力管轄之下，無論教育、工業、文化，都是民族力量的一部份，都需要受到控制與指揮。對於元首領導的正確無誤，必須毫無懷疑的接受，希特勒的助手戈林（Goering）說：「在政治或其他方面，凡有關民族與社會利害者，元首所作決定，萬無一失。」在義大利的法西斯亦有同樣的情形，其一九三八年所訂軍人信條中，第十項的條文便是「墨索里尼的一切決定，必然準確」。在德國的「希特勒少年」組織中，有一篇朝夕背誦的祈禱文，其中則直將希特勒視為上帝。

第三節　結　語

以上將法西斯主義的思想，加以剖析；其所造成人類歷史上一場空前的浩劫，雖已成為逝去的噩夢，然其餘孽仍或殘存潛在，固然由於法西斯主義，曾在歷史上留下罪大惡極的一頁，「法西斯」此一名詞，業已被世人肯定是為殘暴的專制獨裁、極權政治的代詞與別名，但這是經過了長年殘酷的戰禍，犧牲了無數生命，所獲得的沈痛歷史教訓與認識。可是當在二次世界大戰之前，此種主義正在義大利與德國盛行之際，卻也曾令世人刮目相看，因為它曾在短時期中，使在一次世界大戰後殘破貧困的德國與義大利振興起來，以致使不少國家起而效尤。現已事過境遷，等到法西斯主義的極權政治，鑄下了歷史上的大錯誤，釀成了人類的大悲劇，世人方能從一場噩夢中醒來。在人類歷史的進行中，固不免會犯錯誤，但後繼者也應當有責任減少錯誤，尤其不可一再重蹈覆轍。

第廿二章　極權與民主

由以上各章所述，將西洋政治思想的發展，自古代的希臘，經中古而近代至現代，作了一概略的敘述。時至今日，已進入二十一世紀，科學的日益昌明，進步神速，已經使人旅遊月宮，翱翔太空，但是人類在精神上的迷亂，心靈上的空虛，卻又使人無論對現在或是未來，都充滿了迷惘、懷疑、恐懼與沮喪。這是和十八九世紀充滿了理性的自信與樂觀，恰恰相反。在二十世紀前半個世紀中，就已經發生過兩次世界大戰，而在二次大戰結束之後半世紀以來，又何嘗有和平祥瑞的氣象，仍然是處處烽火，重重殺機，國際間為一種危疑震撼的恐怖氣氛所迷漫。種族、宗教、經濟等因素在若干地區，固然是為動亂的導源，但是在種種使人感到危機不安，困惑惶恐的因素中，政治思想的紛歧與衝突，尤其是民主國家與極權國家間，思想上的差距鴻溝，最為嚴重。致使雙方猜忌疑慮，敵對仇視，互不信任，即使偶或接觸，在表面的談判妥協之背後，仍然是劍拔弩張，磨礪以須，使得整個世界，蒙上了一層愁雲慘霧。因此我們發現政治思想問題，仍是今日世界人類問題中最大的癥結。當第一次世界大戰時，美國威爾遜 (J. W. Wilson, 1856–1924) 總統曾為此一戰爭而發言說：「為使民主政治能在世界中得到安全而戰。」戰爭結束，民主的一方獲致勝利，但不幸的是短短二十餘年之後，二次大戰再起，此次戰爭仍然是民主與法西斯主義的極權之戰，結果仍是民主一方獲勝，不料歷經兩次人類浩劫至於今日，仍是民主與極權相對抗。我們固然就歷史的觀點看，相信民主一方仍終必獲勝，但仍應將民主與極權作一分析比較，以得知孰優孰劣。

第一節　極權政治的面貌與本質

極權政治，雖採取的主義或學說有所不同，但其殘暴專制實為一丘之貉，有其本質的類同，茲論述於下。

㈠反理性：

反理性亦即是反人性，極權主義之政權的獲得，均係訴諸非法的暴力，其政治理論，完全不注重理智的分析，客觀的事實，而置基於虛妄的秘思，或以先知式的口吻，製造一套夢囈般自白式的理論架構，及渺不可及永不能實現的目標，但卻成為不容置疑的教條，自欺欺人的直接灌輸於人民，使人民在長期的洗腦之後，不再有自己的意念，人人之發言，千篇一律，有如錄音帶的播放，不僅使人不能有沈默的自由，而禍從口出，一語錯出，便遭大禍，使人民失去自我的個性及尊嚴，也失去良知與良心。

㈡否定人民基本權利：

極權主義每每強調國家或社會全體的權利與權威，使個人僅成為全體的工具或奴工，毫無個人生活的意義及生命的價值。在虛無的理想目標，美麗的標語口號中，充滿了謊言與欺騙，並且將手段與目的混為一談，哄騙千千萬萬的人民作無謂的犧牲。而不論在任何時間空間，都存在有敵人，都強將人民劃分不同而相敵對的階層，如納粹之將種族分為優劣，大事屠殺猶太人，過去蘇俄共產極權更強調階級敵人，或將人民強行紅黑分類，彼此敵對，所以在極權主義下，只有必置之死地而後已的敵人，沒有公平競爭的對手，以致整個社會充滿仇恨血腥，荒謬無恥與暴戾，即使是家人骨肉，也人人猜忌，互不信任。

㈢**極權統治：**

極權主義國家對人民的管理，可說是無微不至，及於身心的各方面，從生到死的生活每一細節。由於國家萬能，以國家取代了社會，人民沒有了屬於自己的社會生活、個人生活，一切都是政治的，都是屬於國家的，而政治的禁忌特多，常使人噤若寒蟬，生活在高度緊張的恐怖之中，特務組織嚴密的控制著每一角落，集中營遍佈各地，可以不經任何法律程序，任意將人民逮捕囚禁，折磨殺戮，此種極權專制較之古典式的君主專制，要超過千萬倍，因為它使人如槁木死灰，但只盲從，逢迎權威，以求一己的苟延殘喘，完全失去生活的希望與情趣，以及為人的意義及價值。

㈣**個人獨裁：**

極權主義的政治組織，無不是金字塔及一條鞭式，其政治首領獨攬一切大權，以行政指揮立法，事實上首領的命令即是法律，字面的法律亦僅是徒具形式而已，以其特選的所謂精英份子為各級政府幹部，享有特權，而層層節制，最後歸於獨裁者一人，並且利用各種宣傳，亦即是利用編造的謊言，塑造首領如神，騙取人民絕對服從其領導，而政權的轉移，無有法定程序，縱有亦如虛文，乃每每訴諸暴力與流血。

㈤**否定國際組織及秩序：**

極權主義忽視一切國際組織，縱有，也只是被利用作為鬥爭的工具。而極權主義者皆好鬥成性，如法西斯主義視戰爭為理想為永恆，戰爭乃屬生活常態，惟有戰爭，才能發揮人類智能，提昇人類文明；蘇俄共產極權則強調階級鬥爭的歷史觀，如此人類勢必永無休止的戰爭復戰爭，鬥爭復鬥爭，強將國家劃分界線，必埋葬一切階級敵人而後已，釀造暴力戰爭的流血慘劇，使全人類都深感惶恐不安。

第二節　民主政治的成長及探討

就前述各章所言，即可發現民主政治的成長，的確是歷經艱辛，得來不易，以前諸多倡導民主政治的思想家之理論，如主權在民，自然權利，契約同意，群眾樂利，立憲政體，多數決定，治權制衡等，皆是為民主政治的理論依據，而來自中古的宗教平等觀念，宗教議會之召開，對暴君專制之反抗，乃至一六四八年的清教徒革命，繼之一六八八年的光榮革命，一七七六年之美國獨立革命，一七八九年之法國大革命，而演進到一八四八年的歐洲普遍革命，到了二十世紀初葉，民主政治終於在歐美各國漸次實現，但卻也在二十世紀的上半個世紀以至於今日，是一連串的戰爭噩夢，雖然前兩次大戰，民主終獲勝利，但何以勝利不能持久？許多人乃懷疑而探討民主政治必有其弱點。

許多批評民主政治的學者認為其缺失，就其種種思想理論言，在當年爭取民主時，如英美法等國革命時期，都曾予人美好的憧憬、理性的認同，但事實上這些理論，都是出諸政治思想家的推理臆測，籠統含混，只見森林不見樹木，一旦民主政治真正實施，具體運作之時，乃問題叢生，理論與實際間，不能相符，更有許多理論，使人有虛幻不實之感，如自由，如平等，皆問題重重，都有如空中樓閣，極權主義者竟亦可假冒民主，甚而說其民主更為圓滿，乃使是非混淆莫辨。許多學者提出證明人之先天稟賦本不平等，如強調多數統治，則民主政治無異愚民政治，而事實上任何民主國家的統治階層，仍為少數，而此少數雖或經由選舉產生，但卻常為富人之金錢壟斷，或為政黨的組織把持，才德之士，不屑嘩眾取寵，向人民諂諛而拒絕參予。而政府機構之間，由於互相制衡，乃致呈現脆弱、阻礙、停滯現象，不能應付艱危，因此民主政治，實際上是不可能的、不真實的，至少是不公平、不徹底、不完善及無能力的。

以上對民主政治的不滿批評，雖容或有吹毛求疵之嫌，卻也絕非是無的放矢。但事實上，世上從來沒有十全十美的理想國，民主政治也是在歷史進步發展中逐漸成長，是人類長久經驗的選擇，它固然有若干瑕疵，但截至目前，與以往曾經有過的任何政治體制比較，它畢竟是較好的。上述許多批評，均可以辯駁。對民主政治最有研究的英國學者蒲萊士(James Bryce, 1838–1922)，就曾作肯定的表示，儘管批評民主的缺陷，然有何更佳者可替代？比較之下，它畢竟是缺點最少的，民主政治當然是並不完善的，但當民主政治施行之後，它只是方法而不再是目的，惟其不完善，正可隨時加以改進。極權主義者每強調其政治哲學的必然性，設想一虛無而永不能實現的目標，而為實現此一目標的每一措施，都是不容置疑的，以驅使一代接一代的人民永遠被奴役。

民主政治施行至今，還沒有一個大家一致公認的定義，民主政治制度，也並沒有統一的形式或範本，各國的歷史文化及環境不同，可以各有其不同的制度及型態，以實現民主，無須厚此薄彼。但有幾項要素，是為今日民主政治必須具備而承認的，那就是國家主權在人民，重視人民的福利，及立憲的政體，同意的政府，開放的社會，個人的尊重，立足的平等，不斷的進步。上述每項要素，都有豐富的含意，都有其不可或缺的重要性。而民主政治可貴之處，是人人遵守法治，而法律乃根據人民的同意。政權的轉移係透過和平的手段，公開競選、公平競爭、多數決定，且掌握政府治權者，有一定的任期，而必須注重人民的權利，負有政治責任，政治紛爭經由妥協調和的過程以謀解決，使每個人民受到尊重，享受到真正自由平等的幸福，這都是順乎人性，合乎理性的。尤其是二次世界大戰之後，一般民主國家走上所謂福利國家的道路，採行社會安全及福利政策，不僅使人人政治平等，而更切實際的注意到經濟安全，社會公平，使人民生活於一個美滿樂利的社會中，無虞匱乏，養生送死無憾。

以上將極權政治與民主政治，予以分別評述，孰優孰劣，何者更適合人類理性的生活，應可得見。惟前已言之，民主政治並非完美，尤其當兩向對峙之時，民主的一方應如何堅持對民主政治的信念，以及加強對民主政治的體認，但其中亦有應當加以注意者。

第三節　民主政治之自由與平等

民主政治是以爭取自由而開始的，但自由的真義究竟為何？法國大革命以爭取自由為其第一目標，但當時革命的結果，自由反而由天使變為魔鬼，變為罪惡的別名。事實上孟德斯鳩早已提出自由的範圍，應以法律定之。民主政治即法治政治，人民不能無法律的規定而獲得自由，自由亦不能因法律的限制而喪失。再進而言之，當初爭取自由、爭取民主，以民主為目的時，人民為維護其自由，總樂意實現「最少管理即最好政府」的願望，對政府權力抱有戒懼的心理，但以今日視之，政府能力不足，反使人民自由得不到保障，因此今日我們對政府無須再抱消極抗拒的態度，因為民主政治乃責任政府，其所擁有的任何權力，都是一種制度化的權力，不是屬於某一人的權力。無論具有任何職權的政府，其組織、職掌，以及權力行使的方式與範圍，均一一載之於法。

再者個人自由與國家安全之間，究應如何協調而不致使個人自由與國家權力相互衝突。自由的範圍固然以法律定之，但法律的制訂，究應採取何種原則，才能對自由的保障恰到好處。關於此，乃仁智互見，難得有放之四海皆準的規格，但總必須要顧及到國家安全，而這又要隨各國之背景及所遭遇之非常狀態有異。民主先進國家如美國，亦有「護憲的獨裁」(Constitutional Dictatorship) 制度，作為一個民主國家的國民，應當有信任其國家及政府的基本認識，及維護法治，遵守法律的責任與義務，而不應該有排斥其國家，抗拒其政府的不當心態，更不應該有藐視法律，以違法而逞雄的乖謬意識。因為民主國家即是法治國家，而法律是人民所同意而授權的立法機關，經由法定程序所制定，如此法律，乃係國家之公器，是人人的保障，法律是人人的法律，國家是人人的國家，個人並非立於國家之外，實係在國家之中，與國家休戚相關，而國家之處境有危有安，有富足有窮困，則人民應如何同心協力，並享康樂或共渡難關，能有此體認，則所謂國家權力與個人自由的問題，自可化解烏有，此種體認，亦即是作為一個民主國家的國民，應有的態度及認識。邊沁在論及平等與安全時，也是以安全為重，他認為「失去安全，便失去一切」，此一警語，也是不可不注意者。但執政者亦不可任意以安全為藉口，以挾制人民為能事。

另外自由與平等的問題，也在民主政治中常引起爭論，甚而有人認為此二者是互相排斥的，偏右者為自由而要捨棄平等，偏左者又為平等要捨棄自由。殊不知自由與平等必須平衡發展，不可有所偏頗，否則便會喪失民主政治的真意與價值。事實上自由與平等，乃是一個觀念而有兩種不同卻又密切相關的表現而已，其主要分別，在於出發點與重點，自由從個人開始，然後推廣至團體；平等則從團體開始，然後及於個人。自由與平等乃是一個問題的兩面，兩者都排斥極端，而崇尚中庸，自由的正確觀念是一方面反對暴政，另一方面亦反對無政府的放縱狀態；平等的觀念則是不能接受特權階級，同時也排斥絕對的完全相等一致。由此亦可知，自由與平等乃是有一貫相通的道理，二者實乃同出一源，同出一理，並無矛盾衝突之處。有平等的自由，乃為人人所擁有的自由，則自由非為少數超人及暴力份子所獨有的自由；而有自由的平等，才是真正的平等，不再是政治的謊言，奴役的別名。

第四節　民主政治與民主社會

前面曾述及自由與法律關係之密切，惟法律縱多如牛毛，仍不能將人的行為，一一納之於法，何況法律是普遍性一般性的，但人際關係，則常有其特殊性，個別性。民主政治事實上並不是完全靠法律所建立的，於是我們發現穆勒所言，民主政治的背後，必須還要有一個民主社會，的確是卓越的見地，否則一切法律制度成為偽裝。所謂民主社會即是一個寬容的社會，所以在今日一個民主國家中，自由的觀念，已不再只是消極的要求對個人自由的保障，而是更要積極的相互尊重他人的自由。不僅是消極的己所不欲，勿施於人，更應當進而積極的抱有人飢己飢，人溺己溺，立人達人的胸懷。而真自由真平等的精神，實亦在其中。因此一個國家應先要在社會上培養民主生活的規範，而習以為慣，才可以建立堅強的民主政治之共信，及樹立起勇毅與樂於為其犧牲奉獻的精神。

民主國家的社會是開放的，也是多元的，有不同的宗教，不同的哲學，不同的政黨，以及各種不同類型的社會組合。許多人用各自不同的方式去追求不同的理想，彼此間難免有所衝突，那就得需要彼此有相互容忍的雅量，這種容忍的精神，在任何一個民主國家，莫不是由慘痛的經驗教訓中得來。寬容之中，包含有妥協的意味，但妥協並非是鄉愿，不是要你違背自己的原則，更不是要求放棄原來追求及奮鬥的目標，而是能夠和平的彼此協商，能取也能予，達到相互的共同了解，而絕不訴之於暴力、毀謗，或威脅利誘。尤其在政治上，總有不同的政見，不同的立場，競爭之下，便會有勝利，有失敗；有多數，有少數，民主政治要讓每一個公民有參與的感受，不使其覺得自己是被擯棄於外。但少數的一方，也應心平氣和的接受失敗，以等待下一次的機會，不可以變成轉入地下的危險組織和不法的破壞力量，否則便是成了反民主的邪惡。而多數的一方，更應當懷有戒懼之心，深知「享有權力則必易腐化，絕對權力則必絕對腐化」的戒律。擯絕權力的傲慢，尊重少數，否則虛有民主之名，而實為極權，反成為民主的罪人。

西洋政治思想史

逯扶東／著

本書旨在撰述西洋政治思想發展之源流，及各種派別之政治理論內涵。主要內容首自古代希臘城邦政治環境起；後經羅馬、中古時期演化，乃至文藝復興民族國家之產生；再經馬克思與社會主義各學派之產生；終至法西斯主義極權政治之沒落。闡述各時代背景及思想的產生與消長，是對西方政治、社會、哲學思想有興趣者最佳的閱讀範本。

西洋古代政治思想家——蘇格拉底、柏拉圖、亞里斯多德

謝延庚／著

蘇格拉底、柏拉圖、亞里斯多德，堪稱西洋古代政治思想上的代表人物，本書即以三人為主題，剖析其學術旨趣與彼此間的思想傳承。其間不乏引人入勝的關鍵論點，諸如知識與道德的關係、如何在亂世中自求多福等。作者默察繽紛與寥落，頗能執簡馭繁，以敏銳的筆觸提出精闢的論述和詮釋，絕對值得您一讀。

中國政治思想史

薩孟武／著

本書共分六篇，自先秦乃至明清，擇要介紹各時代重要的哲人與其政治思想，使讀者能博覽諸子並掌握其思想精要。本書著重於政治思想，故凡思想與政治無關者均捨去不談。另外，本書資料豐富且完整，引文均註明出處，詳載哪一書、哪一卷、哪一篇，便利讀者檢索原文，進一步瞭解思想內涵。

政治學　呂亞力／著

本書內容頗為周遍，第一部分是政治學學科的介紹；第二部分旨在剖析政府及相關事宜；第三部分為純粹行為政治學的素材；第四部分則介紹一些國際關係的知識。而意識型態與地方政府兩方面的常識，為政治學入門者所不可缺乏，故特使其自成單元，一併列入。內容完整豐富，是您學習政治學及應試上最佳用書。

政治學　薩孟武／著

本書是以統治權為中心觀念，採國法學的寫作方式，共分為五章：一是行使統治權的團體；二是行使統治權的形式；三是行使統治權的機構；四是國民如何參加統治權的行使；五是統治權活動的動力。書中論及政治制度及各種學說，均舉以敷暢厥旨，並旁徵博引各家之言，進而批判其優劣，是研究政治學之重要經典著作。

政治社會學：政治學的宏觀視野　王皓昱／著

本書並重中國傳統思想和西方政治理論的解析，思索人性與不完美的社會，析論國家與政治權力之緣起、運作及其發展，解釋政治社會中利益的矛盾和權威的不等分配所造成的社會衝突和權力鬥爭現象，並從大歷史的視野，檢視世界的「現代化」發展及其政治走向，以及反思當今的「後工業社會」，和資本主義宰制的「全球化」發展走勢。

當代政治思潮

蔡英文／著

本書闡述一九五〇年代之後政治思潮的發展趨向，隨著政治局勢的變化，政治思潮的理論也朝向多元分歧。而推促且貫穿這半個世紀政治思潮的發展動力有二：一是對法西斯主義獨裁與極權主義全面控制的批判與反思；二是對自由民主真實意義的重新闡釋。作者以此作為論述的基本架構，分辨政治思潮的脈絡經緯，並剖析交錯其間的各種政治觀念及爭議。內容條理分明，能讓讀者切實掌握當代政治思潮的境況，並對自由民主的問題有更深刻的瞭解。

西洋政治思想史

薩孟武／著

本書有三大特點：1.分古代、中世、近代三篇，每篇第一章又分若干節，說明該時代該社會的一般情況，依此分析每個政治思想發生的原因及其結果；2.精選每個時代代表學者的代表思想，人數不求其多，說明務求清晰，使讀者容易瞭解某一時代政治思想的特質；尤致力於說明時空背景、何以產生此種思想、對後來有何影響；3.外國著作固不必說，就是國內學者亦不能將西洋政治思想與吾國先哲的政治思想做比較；本書於認為有比較的必要時，用「附註」之法，簡單說明中西思想的異同。